教育部人文社会科学研究规划基金"知识密集型服务业的嵌入整合对我国制造业转型升级的影响研究"（项目批准号：18YJA790069）项目资助

河北地质大学学术著作出版基金项目（编号：CB2024008）

知识密集型服务业的嵌入整合对我国制造业转型升级的影响研究

孙文博　李　晗　赵彩云　著

中国财经出版传媒集团
中国财政经济出版社
·北京·

图书在版编目（CIP）数据

知识密集型服务业的嵌入整合对我国制造业转型升级的影响研究／孙文博，李晗，赵彩云著．－－北京：中国财政经济出版社，2024.7． －－ ISBN 978－7－5223－3310－6

Ⅰ．F426.4
中国国家版本馆 CIP 数据核字第 2024UW0284 号

责任编辑：彭　波　　　　　　　责任印制：史大鹏
封面设计：孙俪铭　　　　　　　责任校对：胡永立

知识密集型服务业的嵌入整合对我国制造业转型升级的影响研究
ZHISHI MIJIXING FUWUYE DE QIANRU ZHENGHE DUI WOGUO
ZHIZAOYE ZHUANXING SHENGJI DE YINGXIANG YANJIU

中国财政经济出版社 出版

URL：http：//www.cfeph.cn
E－mail：cfeph@cfeph.cn
（版权所有　翻印必究）
社址：北京市海淀区阜成路甲 28 号　邮政编码：100142
营销中心电话：010－88191522
天猫网店：中国财政经济出版社旗舰店
网址：https：//zgczjjcbs.tmall.com
中煤（北京）印务有限公司印刷　各地新华书店经销
成品尺寸：170mm×240mm　16 开　12 印张　160 000 字
2024 年 7 月第 1 版　2024 年 7 月北京第 1 次印刷
定价：68.00 元
ISBN 978－7－5223－3310－6
（图书出现印装问题，本社负责调换，电话：010－88190548）
本社图书质量投诉电话：010－88190744
打击盗版举报热线：010－88191661　　QQ：2242791300

前　　言

制造业是一个国家繁荣发展的重要基础，是一个国家经济增长的关键驱动力之一，其发展程度是衡量一个国家发达与否的重要指标。改革开放40多年来，我国的制造业尽管总量规模上已跃居世界首位，是名副其实的制造业大国，但主要优势仍体现在中低端制造业，在高端制造业领域与发达国家依然存在明显差距。

从制造业的发展趋势来看，最近20多年来，随着知识经济的不断发展，知识密集型服务业与制造业的结合日益紧密，制造业产品越来越被看作是多个服务和技术的结合，是一个综合知识价值链的垂直整合产物。人们越来越认识到知识密集型服务业是在上游部门开发新知识，然后扩散到制造业的重要载体。知识密集型服务业的嵌入整合是制造业提升竞争优势的重要源泉。有鉴于此，中国的产业政策必须着力于促进知识密集型服务业对制造业的嵌入整合，以实现对传统制造业数字化、网络化、智能化的改造升级，从而全面提升中国制造业的国际竞争力。

本书旨在通过研究知识密集型服务业对制造业的嵌入整合规律、作用机理，并在借鉴发达国家的政策和实践经验的基础上，结合我国制造业和知识密集型服务业的发展现状，提出促进我国知识密集型服务业嵌入整合制造业，提升我国制造业国际竞争力的政策思路。

本书第1章主要阐述研究背景、研究意义、研究内容、研究思路、研究框架,以及本书的主要边际贡献。

第2章首先对服务业与经济增长的关系进行了文献回顾,然后归纳梳理了制造业与服务业的相互关系理论,在此基础上对知识密集型服务业与制造业的关联、融合成因,以及作用机理进行了深入的理论分析。

第3章梳理了20世纪80年代以来随着工业化进程的不断加深,美、日、欧等发达国家服务业的演变历程,归纳分析了这些国家服务业结构所表现出的演化规律,并对其如何促进知识密集型服务业与制造业的融合,实行再工业化政策进行了经验总结。

第4章通过描述性统计,对我国制造业和知识密集型服务业的发展现状及结构特征进行了研究分析,并与欧美发达国家进行了比较分析。

第5章借助子系统投入产出分析方法(subsystem approach to I－O)研究评测了我国知识密集型服务业对制造业的贡献度。包括知识密集型服务业对制造业的总体及不同技术水平制造业贡献度,以及不同知识密集型服务业细分行业对制造业的贡献度。

第6章运用主成分分析法,以中国大陆25个省份2002~2017年投入产出数据为样本,研究分析了我国知识密集型服务业与制造业整合的关键影响因子。

第7章主要是对我国各地推动制造业与知识密集型服务业的融合发展过程中,探索出的有效模式和经验进行一个归纳总结。

第8章依据前述各章的理论分析和实证研究结果,提出促进我国知识密集型服务业与制造业嵌入整合的政策建议。

第9章是结论与展望,本章对全书主要研究结论进行了归纳总结,同时也分析了研究中存在的局限和不足,在此基础上探讨了今后可以进一步拓展的研究内容与研究方向。

本书的边际贡献主要体现在以下方面：

第一，对知识密集型服务业与制造业的相互关联、融合动因，以及作用机理进行了较为深入的理论分析；第二，对我国制造业与知识密集型服务业的发展现状、结构特征，以及我国知识密集型服务业对制造业的贡献度进行了全面的统计评测；第三，深入挖掘了我国知识密集型服务业与制造业整合的关键影响因子，为本课题的政策建议及未来相关政府部门的决策提供了新的实证依据。

本书的第1章、第9章由孙文博撰写，第2章、第3章、第4章由孙文博和李晗共同撰写，第5章和第6章由赵彩云撰写，第7章和第8章由李晗撰写。全书由孙文博统稿。

由于成书时间相对仓促，以及作者自身的研究水平和能力有限，因此本书难免存在不足和纰漏，敬请各位专家学者批评指正。

作者

2024年7月

目　录

第1章　绪论 ··· 1

　　1.1　研究背景 ··· 1

　　1.2　研究目的及意义 ··· 3

　　1.3　研究的主要内容与边际贡献 ································· 4

第2章　制造业与知识密集型服务业融合的相关理论分析 ··········· 9

　　2.1　服务业与经济增长的关系 ··································· 9

　　2.2　制造业与服务业的相互关系 ······························· 12

　　2.3　知识密集型服务业与制造业的关联 ······················ 20

　　2.4　知识密集型服务业与制造业融合的成因 ················ 22

　　2.5　知识密集型服务业促进制造业转型升级的作用机理 ········· 25

第3章　发达国家制造业与知识密集型服务业的产业融合 ··········· 38

　　3.1　发达国家服务业总体发展水平的变化 ··················· 38

　　3.2　发达国家制造业与知识密集型服务业融合的发展概况 ·········· 41

　　3.3　发达国家制造业与知识密集型服务业融合发展的经验分析 ····· 45

第4章　我国制造业和知识密集型服务业的发展现状 ················· 51

　　4.1　我国制造业发展现状 ·· 51

4.2 我国知识密集型服务业发展现状 ……………………………… 59

4.3 与发达国家的对比分析 …………………………………………… 68

第5章 我国知识密集型服务业对制造业的贡献度评测 ……………… 72

5.1 研究方法和数据 …………………………………………………… 72

5.2 知识密集型服务业对制造业总体的贡献 …………………… 74

5.3 知识密集型服务业对不同技术水平制造业的贡献度 ……… 81

5.4 各类知识密集型服务业对不同技术水平制造业的贡献度 … 85

5.5 简要结论 …………………………………………………………… 95

第6章 我国知识密集型服务业与制造业融合的影响因素分析 ……… 96

6.1 基于主成分分析的因素提取 …………………………………… 97

6.2 影响因素模型建立 ……………………………………………… 102

6.3 结果分析 …………………………………………………………… 103

第7章 我国制造业和知识密集型服务业融合的实践经验 …………… 109

7.1 路径一：政策驱动型发展 ……………………………………… 109

7.2 路径二：技术创新驱动型发展 ………………………………… 114

7.3 路径三：特色产业驱动型发展 ………………………………… 120

7.4 路径四：区域优势资源驱动型发展 …………………………… 124

第8章 促进我国知识密集型服务业嵌入整合制造业的政策思路 …… 133

8.1 新时代两业融合的新要求 ……………………………………… 133

8.2 坚持科技创新驱动发展，夯实两业融合发展基础 ………… 141

8.3 创新两业融合多元模式，延长两业融合价值链 …………… 144

8.4 挖掘多元主体发展潜力，激活两业融合发展新动能 ……… 145

8.5 推动区域协同发展，拓展两业融合发展空间 ……………… 148

8.6 构建共赢市场竞争秩序,激发两业融合市场活力 ………… 151
8.7 深化产业发展体制改革,优化两业融合发展环境 ………… 154

第9章 结论与展望 …………………………………………… 157

9.1 主要研究结论 ……………………………………………… 157
9.2 研究不足与研究展望 ……………………………………… 161

参考文献 ……………………………………………………………… 163
后记 …………………………………………………………………… 178

第1章

绪　　论

1.1 研究背景

制造业是一个国家繁荣发展的重要基础，是一个国家经济增长的关键驱动力之一，其发展程度是衡量一个国家发达与否的重要指标。改革开放以来，我国制造业持续快速发展，已经建成了门类齐全、独立完整的产业体系，有力地推动了我国的工业化和现代化进程。统计数据表明，我国制造业增加值自 2010 年开始超过美国，至今已经连续 13 年位居世界第一，目前约占全球制造业总产值的 30%，在 500 种主要工业产品中，我国有 40% 以上产品的产量居世界第一，"中国制造"和"世界工厂"已成为中国制造业的世界流行标签。

然而，从全球制造业的分工格局来看，制造业高端领域仍然主要集中在美国、欧盟和日本等发达国家和地区。中国制造业尽管已经在部分高端制造领域形成优势，但就总体制造能力而言，与发达国家仍然存在明显差距，在全球制造业分工中处于产业链的中低端。实际上，从改革开放 40 多年来中国制造业的发展历程可以看出，中国制造业过去长期高速发展的主要原因，在于依托低成本生产优势，大规模承接发达国家的中低端产业环节转移，以及劳动、资本、土地等资源的持续投入。随着近年来中低端制造业市场饱和问题日渐突出，以及中美贸易摩擦所带来的贸易保护主义抬头，外部经营环境恶化，传统优势要素投入的边际收益正在持续下降，过去的发展模式显然已经难以为继。打造有国际竞争力的先进制造业，推动制造业高质量发展已经迫在眉睫。另外，随着新型工业化进程的不断深入，以及大规模设备更新和消费品以旧换新行动的推进，对制造业转型升级也有着迫切需求，需要制造业在重大技术装备创新、消费品质量和安全、公共服务设施设备供给和国防装备保障等方面迅速提升供给水平和能力。有鉴于此，2015 年 5 月，国务院发布了全面推进实施制造强国的战略文件《中国制造 2025》，意在实施制造强国战略，促进制造业转型升级，力争通过三个十年的努力，到新中国成立一百年时，把我国建设成为引领世界制造业发展的制造强国，为实现中华民族伟大复兴打下坚实基础。

一般认为，先进制造业是指不断吸收 5G、工业互联网、大数据、人工智能（AI）等先进技术，并广泛应用于产品的研发、设计、生产、销售、供应链管理等全过程的现代制造业，具有生产效率高、产品附加值高和经济效益好等特点。从发展模式看，先进制造业更加注重集约化、智能化，推动传统制造业由规模扩张转向质效提升；从发展理念看，先进制造业更加注重资源节约和环境友好，将绿色制造的理念贯穿生产全流程和产品全生命周期；从发展趋势看，先进制造业更加注重服务科研、生活与生产等个性化需求导向，突出制造与服务深度融合的产业形态。先进制造业是科技力量发挥作用的重要载体，是先进生产力的重要体现，是国家与国家之间竞争的必争之地。先进制造业发展水平关系到一个国家能否保障产业链、供应链的完整性和独立性，是国家提升综合竞争力的重要保障。

从制造业的发展趋势看，最近 20 多年来，随着知识经济的不断发展，知识密集型服务业与制造业的结合日益紧密，制造业产品越来越被看作是多个服务和技术的结合，是一个综合知识价值链的垂直整合产物。2008 年金融危机以来，发达国家重新重视制造业，实行再工业化政策，一个显著特征就是制造业和服务业之间跨部门知识整合的力度不断增强。而今，人们越来越认识到知识密集型服务业是在上游部门开发新知识，然后扩散到制造业的重要载体。知识密集型服务业的嵌入整合是制造业提升竞争优势的重要源泉。

综上所述，中国制造业的转型升级，本质上就是从过去高度依赖低成本劳动力、依赖大量资源能源消耗的粗放增长模式，转化为更多地依赖知识密集型服务业作为中间投入，依赖知识创造和技术创新驱动的高质量增长模式。这意味着中国的产业政策必须着力于促进知识密集型服务业对制造业的嵌入整合，以实现对传统制造业数字化、网络化、智能化的改造升级，从而全面提升中国制造业的国际竞争力。正是基于这样的研究背景，研究知识密集型服务业对制造业的嵌入整合规律、机制，提出相关产业政策，对中国制造业的转型升级显然有着重要的理论和现实意义。

1.2 研究目的及意义

1.2.1 研究目的

本书旨在通过研究知识密集型服务业对制造业的嵌入整合规律、作用机制，借鉴发达国家两业融合的政策和实践经验，同时结合我国制造业和知识密集型服务业的发展现状，提出促进我国知识密集型服务业嵌入整合制造业、提升我国制造业国际竞争力的政策思路。具体而言，本书的主要研究目标包括：

（1）研究知识密集型服务业嵌入整合制造业的演变规律、作用机理，以及对产业结构乃至整个社会经济发展的影响。

（2）考察我国制造业和知识密集型服务业的发展现状和结构特征。

（3）评估我国知识密集型服务业对制造业的贡献度。

（4）分析我国知识密集型服务业嵌入整合制造业的影响因素，发掘关键因子。

（5）提出促进我国知识密集型服务业嵌入整合制造业，提升我国制造业国际竞争力的政策思路。

1.2.2 研究意义

本书的理论研究意义主要体现在：

（1）研究揭示知识密集型服务业嵌入整合制造业的演变规律、作用机制，是对知识经济理论的补充和拓展。

（2）在子系统投入产出分析方法（subsystem approach to I-O）的基础上，通过引入劳动变量，修正知识密集型服务业对制造业最终产品生产贡献度的测算方法。

（3）对知识密集型服务业与制造业的垂直整合所导致的产业结构变化和部门界限模糊进行理论分析和实证研究，补充完善服务业和制造业的产业融合理论。

本书的实际应用意义主要体现在：

（1）研究欧美发达国家知识密集型服务业对制造业嵌入整合的演变规律与政策举措，对于我国制造业转型升级有重要借鉴意义。

（2）测算分析我国知识密集型服务业对制造业贡献度及动态变化，可以客观全面评估我国知识密集型服务业对制造业最终产品生产的贡献，以及对制造业结构性变化的影响。

（3）分析我国知识密集型服务业和制造业整合的关键影响因子，探讨如何促进知识密集型服务业和制造业之间的产业融合，对于有效推动我国制造业转型升级，提升我国制造业国际竞争力，有着重要的政策参考价值。

1.3 研究的主要内容与边际贡献

1.3.1 研究的主要内容

（1）依托产业融合理论和知识经济理论，研究知识密集型服务业与制造业的相互关系、融合成因，以及作用机理。

（2）研究欧美发达国家知识密集型服务业对制造业嵌入整合的演变规律与相关经验。

以欧美发达国家为主要研究对象，研究以智能制造为主导的产业链分工重组过程与实践经验；研究知识密集型服务业嵌入整合制造业对产业结构乃至整个社会经济发展的影响；研究促进知识密集型服务业与制造业产业融合的政策经验。

（3）研究我国制造业和知识密集型服务业的发展现状。

在分析我国制造业和知识密集型服务业总体发展现状的基础上，通过描述性统计以及与欧美发达国家的对比，从行业结构、区域结构、就业结构等多个角度对我国制造业和知识密集型服务业的结构特征进行研究，总结分析我国制造业与知识密集型服务业的发展规律和结构性缺陷。

（4）研究我国知识密集型服务业对制造业的贡献度及动态变化趋势。

通过引入劳动变量，借助修正后的子系统投入产出分析方法，对2002~2020年我国知识密集型服务业对制造业贡献度及动态变化进行测算分析。其内容包括：知识密集型服务业对制造业总体的贡献度；知识密集型服务业对不同技术水平的制造业的贡献度；知识密集型服务业不同行业对制造业的贡献度。通过多角度的测算分析，全面评估我国知识密集型服务业对制造业的贡献，以及对制造业结构变化的客观影响。

（5）研究我国知识密集型服务业嵌入整合制造业的影响因素。

结合已有文献的相关研究，运用主成分分析与回归分析，挖掘分析我国知识密集型服务业与制造业整合的关键影响因子。

（6）对知识密集型服务业嵌入整合制造业，促进我国制造业转型升级提出政策思路。

首先对我国各地推动制造业与知识密集型服务业的融合发展过程中，探索出的有效模式和经验进行归纳总结，然后结合前述理论分析和实证研究，提出促进我国知识密集型服务业与制造业嵌入整合的政策思路。政策设计将在遵循知识密集型服务业与制造业融合发展规律的基础上,充分考虑我国不同地区的专业化分工和资源禀赋差异,在促进我国制造业转型升级、提高供给体系质量的大框架下全面统筹规划。

1.3.2 研究思路与研究框架

本书遵循先理论后实证的研究思路,拟采取"理论分析→现状考察→政策建议"的逻辑展开研究。本书首先分析知识密集型服务业与制造业的相互关系、融合成因,以及作用机理;其次,总结欧美发达国家知识密集型服务业对制造业嵌入整合的演变规律,实践和政策经验;再次,在此基础上,考察我国制造业和知识密集型服务业的发展现状,评估我国知识密集型服务业对制造业的贡献度及动态变化趋势,分析我国知识密集型服务业嵌入整合制造业的影响因素;最后,结合既有政策评价,提出促进我国知识密集型服务业与制造业嵌入整合的政策建议。具体研究思路如图1-1所示。

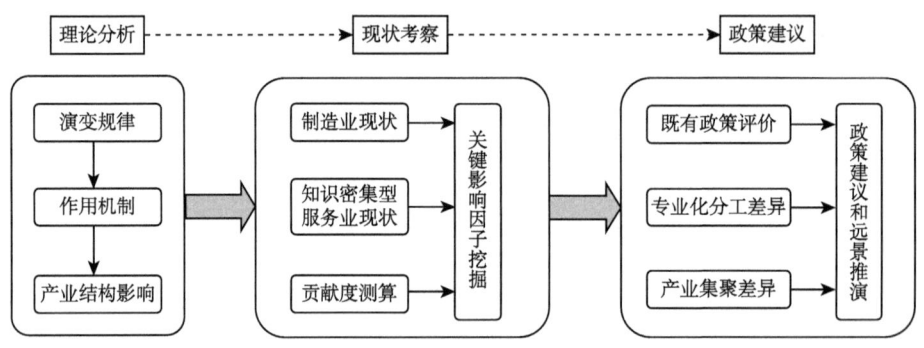

图1-1 本书的研究思路

具体而言,本书的研究框架安排如下。

第1章,绪论。本章主要阐述本书的研究背景、研究意义、研究内容、研究框架,以及本书的主要边际贡献。

第2章,制造业与知识密集型服务业融合的相关理论分析。本章首先对服务业与经济增长的关系进行了文献回顾，然后归纳梳理了制造业与服务业的相互关系理论，在此基础上本章对知识密集型服务业与制造业的关联、融合成因，以及作用机理进行了深入的理论分析。

第3章，发达国家制造业与知识密集型服务业的产业融合。本章通过梳理20世纪80年代以来美、日、欧等发达国家服务业的演变历程，归纳总结了这些国家服务业结构随着工业化进程的不断加深所表现出的演化规律，并对其促进知识密集型服务业与制造业的融合，实行再工业化的政策进行了经验总结。

第4章，我国制造业和知识密集型服务业的发展现状。本章通过描述性统计，对我国制造业和知识密集型服务业的发展现状及结构特征进行了研究分析，并与欧美发达国家进行了比较分析。

第5章，我国知识密集型服务业对制造业的贡献度评测。本章借助子系统投入产出分析方法（subsystem approach to I–O），结合第六次、第七次全国人口普查数据，对2007~2020年我国知识密集型服务业对制造业贡献度及动态变化进行多维度测算分析，为相关产业政策制定提供参考。本章包括知识密集型服务业对制造业的总体及不同技术水平制造业贡献度评测，以及不同知识密集型服务业行业对制造业的贡献度评测。

第6章，我国知识密集型服务业与制造业融合的影响因素分析。本章以中国大陆25个省份2002~2017年投入产出数据为样本，运用主成分分析和回归分析，挖掘分析了我国知识密集型服务业与制造业整合的关键影响因子。

第7章，我国制造业和知识密集型服务业融合的实践经验。本章主要是对我国各地推动制造业与知识密集型服务业的融合发展过程中，探索出的有效模式和经验进行一个归纳总结。

第8章，促进我国知识密集型服务业嵌入整合制造业的政策思路。本章依据前述各章的理论分析和相关实证研究结果，提出促进我国知识密集型服务业与制造业嵌入整合的政策建议。

第9章，结论与展望。本章对全书的主要研究结论进行了归纳总结，同时也分析了研究中存在的局限和不足，在此基础上探讨相关研究今后可以进一步拓展的方向。

1.3.3 研究的边际贡献

本书的边际贡献可能体现在以下三个方面：第一，对知识密集型服务业与制造业的相互关联、融合成因，以及作用机理进行了较为深入的理论分析；第二，对我国制造业与知识密集型服务业的发展现状、结构特征，以及我国知识密集型服务业对制造业的贡献度进行了全面的统计评测；第三，深入挖掘了我国知识密集型服务业与制造业整合的关键影响因子，为本书的政策建议及未来相关政府部门的决策提供了新的实证依据。

第 2 章

制造业与知识密集型服务业融合的相关理论分析

2.1 服务业与经济增长的关系

一般认为,人们对服务业的研究重视始于 20 世纪 30 年代,当时一些经济学家注意到发达市场经济国家的经济结构在 20 世纪发生了巨大变化,这主要表现在服务业产值和就业人数的不断增加,使服务业在经济结构中的地位迅速上升。在这些经济学家中,较为充分概括和总结这一现象的是英国经济学家、新西兰奥塔哥大学教授 A. 费希尔(1935),他在其所著的《安全与进步的冲突》一书中,率先将产业结构的变动划分为三个阶段,并指出生产结构的变化表现为从农业转向工业,再从工业转向服务业,他把产业变动的这一过程归结为由技术变动引发的生产方式变动的自然结果。另一位英国经济学家克拉克(1940)继承了费希尔的观点,提出了劳动力在三次产业间分布的结构变化理论。他认为,随着经济发展水平的提高,一个国家或地区的产业结构无论是就业比重还是国民收入比重,均有从第一产业向第二产业,进而向第三产业转移的趋势,此即有名的"配第—克拉克定律"。之后,美国经济学家西蒙·库兹涅茨(1973)运用大量的数据资料通过实证分析进一步证明了克拉克提出的理论。罗斯托(W. W. Rostow,1960)在提出经济发展五阶段理论的基础上,将服务业划分为新兴服务业、补充性服务业与传统服务业。之后，布朗宁（Broening）和辛格曼（Singelman）于1975年使用了一种四分类法，将服务业分类为流通服务、生产者服务、社会服务和个人服务。20世纪80年代末加拿大的赫伯特·G.格鲁伯与迈克尔·A.沃克在《服务业的增长：原因与影响》一书中以加拿大为例，对"生产者服务"和"消费者服务"的作用分别进行了全面的、系统的分析，并认为生产者服务是经济增长的动力。

关于服务业与经济波动关系。1997年费拉多（Filardo）指出当大量劳动力从制造业转向服务业时，似乎会触发制造业劳动生产效率的一种补偿性提升，从而使得各个产业的产值比保持稳定，没有出现显著的波动。基于这一发现，费拉多进一步质疑了那些认为服务业能够稳定经济周期的观点。沃纳克（2000）提到，单凭经济的焦点从制造业向服务业转移的事实，并不足以全面解释20世纪90年代初经济波动的现象，需要更深入的分析才能揭示二者之间真正的联系。结构计量和动态一般均衡模型为揭示二者关系提供了方法。

国内对服务业的研究至少可以追溯到20世纪80年代，但直到90年代后期，才真正将这一领域纳入经济学研究的主流视野。究其原因，在很大程度上是由于我国工业化程度的不断加深，特别是买方经济的出现，使理论界和决策层越来越多地看到产业结构失调、服务业滞后所带来的一系列问题。这当中一个明显的例证就是20世纪80年代工业产品普遍短缺的现象，90年代后期却演变成令人头痛的商品过剩问题。实际上，直到2001年我国加入世贸组织（WTO）之后，随着外贸订单的大幅增加，国内大量的过剩产能才得以消化。

中山大学的李江帆教授（1994）研究了服务业产业结构、人口和就业对服务业发展的影响，以及服务业的发展又对经济增长的带动作用。研究表明，这种相互影响有效地促进了区域经济增长。黄少军（2000）首次全面系统论述服务业发展和经济增长关系，论述了服务业的分类和发达国家与发展中国家的服务业结构，并对我国服务业现状和结构进行了一定的分析和研究。陈宪和程大中（2001）对服务贸易的总量增长与结构演变进行了探讨。李冠霖（2002）首次运用投入产出分析方法对第三产业与其他产业之间的产业关联性及第三产业内部各行业之间进行了实证研究。郁义鸿、黄云峰（2003）通过考察产业结构动态变化中服务业和经济增长的关系，指出服务业对于经济的整体发展一直发挥着重要的作用，并具有调节经济周期、减弱经济波动的作用。林善浪、张慧萍（2009）从产业与空间相互作用的角度分析指出，生产者服务集中于大都市区内部，服务业集群正在成为重要的空间竞争形式，并且生产者服务业集聚模式正日益呈现出城郊化、边缘化、分散化的特征。曾艳（2009）认为收入的分配方式会通过改变一个国家的需求结构，从而进一步影响其产业结构的演变。需求结构的提升是决定产业结构升级的关键因素，而过大的收入分配差异导致的需求结构偏低是当前我国服务业和产业结构升级的主要障碍。叶爱华（2010）利用1978～2008年我国的国内生产总值和第三产业增加值数据，采用了单位根检验、协整检验和格兰杰因果检验等方法，对我国服务业与经济增长之间的联系进行了深入的计量分析。在此基础上，采用脉冲响应函数分析了服务业对经济增长的促进作用以及服务业与其他产业之间的互动关系。研究结果揭示了服务业与经济增长之间的长期动态平衡和因果联系，其中服务业的增长对经济发展起到了显著的推动作用。

值得注意的是，并非所有的学者都同意将服务业的比重作为衡量一个国家或地区经济发展水平的重要指标。一些学者认为，从长期的动态分析结果来看，包括美国在内的许多发达国家，自第一次工业革命以来的实践已经证明，工业部门的发展是经济增长的主要驱动力，而服务部门的迅速膨胀不是经济发展的结果，而是经济长期衰退甚至危机的结果。而且，在经济快速增长的时期，一个显著的特点通常是工业部门的快速增长和比重不断增加，而不是服务业（赵儒煌2003）。因此，本书认为服务业比重的高低并不能代表一国或地区的综合实力和竞争力强弱。近期的研究显示，渠慎宁与吕铁（2016）均持有这样的观点，即从经济增长的潜在能力来看，随着服务业在 GDP 中所占的比例逐渐增加，工业技术创新对 GDP 增长的推动作用可能会减弱，但服务业技术创新对 GDP 增长的作用似乎并不会有太大的波动。虽然服务业起到了"经济稳定器"的角色，但与工业相比，其技术的进步对宏观经济产生的外部效应相对较小。因此，在当前我国工业化进程不断加快、产业结构调整力度进一步加大的情况下，要充分发挥工业和服务业之间的互补效应。在将来推动"产业结构向中高端转型"的进程中，我们应当确保工业与服务业保持平衡的发展方向。

2.2 制造业与服务业的相互关系

关于制造业与服务业的相互关系问题，历来受到理论界的高度关注，相继涌现了需求遵从论、供给主导论、互动论和融合论等多种不同的观点。

2.2.1 需求遵从论

需求遵从论提出，制造业是服务业存在和发展的基础，服务业处于需求遵从的地位（Cohen and Zysman, 1987；Rowthom and Ramaswam, 1999）。依据这一观点，制造业作为服务业产出的需求部门，提供了社会服务需求，因此，服务业依赖于制造业发展。

从需求遵从论的角度来看，制造业的持续发展将不断优化其经营模式，这将导致产品价值的实现、市场信息的精准把握、专业人才的需求、资金的需求以及技术研发交易的支持等多方面的服务需求。这些需求激励现有服务业进行技术和服务的创新，以提供新的服务供应来满足这些需求，并拉动了相关产业的成长和经济增长，又反过来推动了服务业自身的进一步发展，并最终使整个社会生产体系得以完善。其核心思想是将服务业视为制造业的一个附属领域，认为制造业的增长是推动服务业发展的主要动力。

在此过程中,制造业与服务业之间具有一种内在的关联关系。

在产业经济的发展过程中,制造业通常是需求遵从路径的起始点。在某个特定区域,由于该区域的资源或政策优势,首先会大力发展制造业。随着制造业上下游产业链的不断扩展,逐渐形成一个相对完善的制造业集群,从而产生一定规模的服务需求,推动物流、商贸、信息、技术交易、人才培养和资本供给等相关配套服务业聚集到该区域,最终形成一个完整的产业集群(见图2-1)。

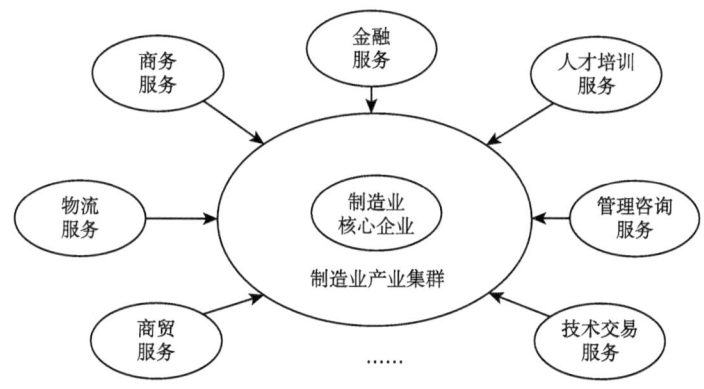

图 2-1 需求遵从路径产业集聚

城市的形成在很大程度上依赖于产业的聚集,而许多城市是基于最初的工业增长,并遵循需求导向的路径来实现产业的聚集和进一步的发展。因此研究城市兴起与产业集群有着重要意义。基于城市经济学的观点,一个城市的崛起受到资源、交通、政治、军事和宗教等五大要素的驱动。资源驱动的城市通常通过工业增长来促进服务业和相关产业的扩展,从而形成一个产业集中的有机体系。从历史上看,由于经济增长与资源开发密切相关,因此城市兴起的过程中也伴随着对各种资源的依赖程度增加。在世界发展的历程中,由于资源的丰富,许多城市得以崛起。例如,美国的匹兹堡因钢铁产业而诞生,南非的约翰内斯堡则因黄金而繁荣。而我国的大庆、马鞍山、攀枝花、包头、淮南等城市的崛起,都是基于现代社会工业化发展所需的石油、钢铁、煤炭等矿产资源的优势,大庆是其中最具代表性的例子。在开采石油之前,大庆处于荒野之中,而随着1959年第一口油井投入生产,大量的石油开发企业与加工厂在此建立,随之而来的大规模建设带来了人口的集聚与相关建筑、运输、商贸业的发展,也造就了"先有企业后有政府"区域经济发展模式。服务业仍作为制造业发展的从属地位存在,为制造业提供基本的服务产品。

2.2.2 供给主导论

供给主导论则认为服务业可以降低交易成本,是制造业生产率提高的前提和基础(Pappas and Sheehan,1998;Karaomerlioglu and Carlsson,1999;Eswaran and Kotwal,2001;Arnold and Mattoo,2006)。Eswaran 和 Kotwal 认为,服务领域的扩张可以促进制造业进一步专业化和职能分工,还可以降低投资于制造业的服务成本。在供给主导论中,供应被视为形成路径的核心,供应推动了需求。在经济全球化背景下,我国的产业结构发生了很大变化,服务业成为新的主导产业,其增长速度明显快于第二产业和第一产业。随着地方服务行业的持续壮大,该行业的服务提供能力也得到了加强,从而能够为客户提供更高品质的物流、销售、信息技术、金融服务以及咨询等多种服务。在这种情况下,企业的生产经营活动也就会围绕着服务展开。为了创造有利于企业成长的环境,制造业企业会因为供应的增加而逐渐壮大或形成产业集群,从而使得服务业的服务供应能够通过制造业的需求得到市场的满足。

从供给主导论的角度看,发达的服务行业可以增强制造业的竞争力,并推动制造业的集中和升级。因此,在现代经济体系下,应将"生产性"要素作为主要驱动力量来推动产业转型,培育具有核心竞争能力的产业。在产业经济的发展过程中,服务业是供给的主导方向。在特定区域,由于其地理位置的优势和交通的便利性,服务业往往首先达到一个相对繁荣的状态。随着最初的单一服务业逐步壮大和产业链的拓展,一个相对完整的服务业集群逐渐形成,能够提供比其他区域更有竞争力的服务产品。这不仅促进了该区域内制造业企业的成长和发展，还通过完善的物流、商贸、信息、资本、人力资源和管理等多方面的服务体系，成功吸引了周边区域制造业的集聚（见图2-2）。

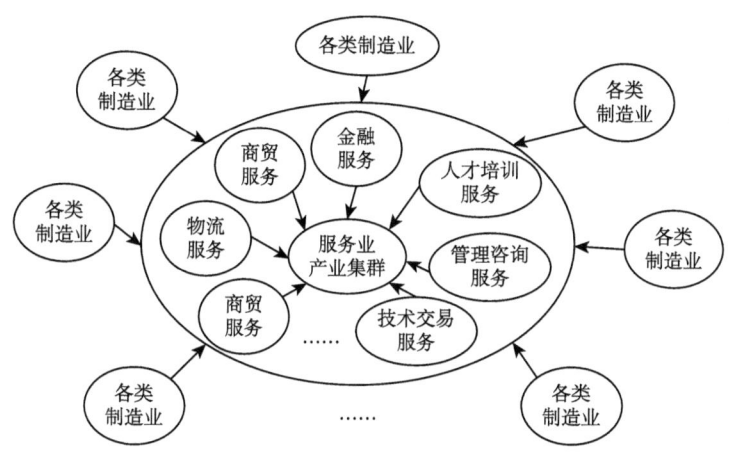

图2-2 供给主导路径产业集聚

作为服务业与制造业之间联系的关键途径之一，供给主导路径在推动产业聚集的形成上起到了至关重要的作用，并在城市产业的发展历程中始终被视为核心动力。随着全球经济一体化进程加快，服务业向国际化方向不断演进，并通过服务功能拓展推动着产业结构升级。全球知名的港口城市通常都是通过这种发展路径来形成的。其中，像阿姆斯特丹、威尼斯、伦敦、新加坡、悉尼、洛杉矶、开普敦、圣彼得堡、香港和上海等现代国际大都市，都是依赖其地理和交通的优势，以港口贸易和其他服务业为基础，进一步推动制造业的发展和集聚。在服务业和制造业相互促进和关联的推动下，这些城市逐渐成为了国际服务业的中心。从历史上看，不同国家或地区的港口城市也因其所处位置及经济实力而具有明显差异。自古以来，我国就展现出"南船北马"的独特风格，这一独特性质导致了我国大型城市通常在北方主要依赖陆路交通枢纽，而在南方则以水陆交通为主导。随着现代交通技术的不断进步，水运、公路和铁路等综合交通枢纽通常会形成强大的产业集聚效应，进而发展成为大型城市。其中,上海、南京、武汉和重庆等城市便是这一现象的典型代表。因此,交通运输和商业服务在不同区域中具有重要作用。

2.2.3 互动论

互动论认为服务业和制造业部门表现为相互作用、相互依赖、共同发展的互动关系(顾乃华,2006)。随着制造业的持续增长,贸易、酒店、金融、交通、社会服务、教育和医疗服务等多个服务业的需求将会急剧上升,与此同时,制造业的生产效率也将得到提升;相对地,制造业的投资增长是服务业增长的关键因素。在经济发展过程中,服务业对制造业有明显促进作用。随着经济发展水平的提升,服务业和制造业之间的相互依赖性也随之增强(见图2-3)。

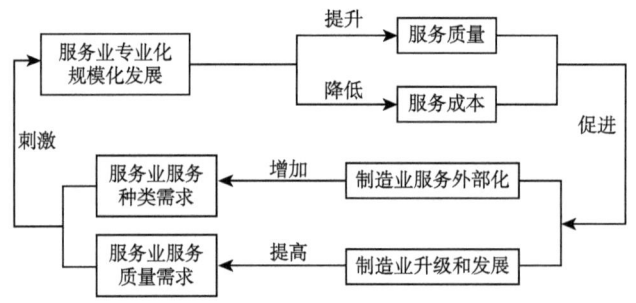

图2-3 服务业与制造业的互动关联发展

从图2-3可以看出,一方面,制造业为了提高自己的生产效率,需要将大量诸如设计、营销、物流等服务外包出去,从而增加了服务业服务种类的需求;另一方面,由于技术创新带来的制造业升级会对服务业的服务质量有更高的需求,比如需要更先进的设计理念,更快的物流服务,等等。服务业种类需求的增加和更高的服务质量需求刺激了服务业专业化与规模化的发展,前者提升了服务质量,后者降低了服务成本。服务业的这些变化反过来促进了制造业服务的外部化和制造业的升级发展。两者之间通过这种交互影响，相互依赖，形成了一种互动关联发展模式。

在服务业与制造业互动发展的过程中，需求论认为是以需求为主导，供给论认为是以供给为主导，互动论则认为不存在完全单一的需求遵从路径或供给主导路径，而往往是这两种路径交织在一起的互动发展路径。随着我国产业结构不断优化和区域间的产业转移，各地区不再只发展单一产业，开始更多地强调产业间和地区间的协同互动。如东北老工业基地提出大力发展服务业战略来促进制造业和服务业的协同发展；京津冀地区提出一体化战略，旨在打破地域壁垒促进三地协同发展，加强区域内服务业城市与制造业城市的产业互动。

2.2.4 融合论

融合论认为，信息通信战略的发展和更广泛的使用将促进服务和制造企业的融合趋势（周振华，2003；霍敬东和夏杰昌，2007）。随着全球经济一体化和电子通信技术的迅猛发展及其广泛应用，传统生产和服务业之间的界限已经变得日益模糊。这两个领域不仅相互联系紧密，而且展现出了融合的趋势。在此基础上，制造业通过整合更多服务元素到其产品中，不断在价值链上拓展自己的角色，从传统的加工领域延伸到服务领域。这种拓展不仅更新了产品的功能性和价值，还为制造业带来了新的增长点和利润空间。在这个过程中，制造企业通过控制服务流程，为客户提供了一个商品与服务交互的平台。这种模式不仅为客户带来了附加价值，也让制造企业自身受益匪浅。同时，随着制造企业逐渐提供更多元化的服务，产品和服务的特性也发生了变化。这种变化使得生产和服务公司在产品设计和生产方面面临更加严格的约束。另外，居于工业市场顶端的服务运营公司，通过提升服务运营的生产力和技术能力，进一步推动了制造业与服务业的融合。这种变革使得服务业的特征发生了根本性的变化，比如从面向人的服务转变为更多的数字化和技术支持的服务。显现出服务业与制造业之间的边界越来越模糊（见图2-4）。

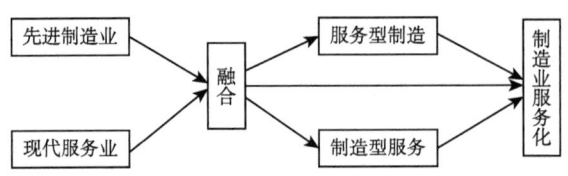

图 2-4　制造业与服务业融合模式

为了更好地理解制造业与服务业的融合理论,这里要阐明两个概念,即服务型制造(Service - oriented Manufacturing)和制造型服务(Manufacturing - oriented Service)。服务型制造是指服务型企业通过采用制造企业的设备和技术提高自身的生产效率,组合成新的生产交付系统,实现了劳动密集型向资本和技术密集型的转移。相比之下,现实当中两业融合更多的是制造型服务,制造型服务是以制造业为融合主体,以服务业作为辅助工具来实现两者的融合。这种融合的目的旨在通过制造业价值链的拓展获取更高的产品附加值,从而提高竞争力和组织效益,由此使得制造企业的组织特征发生了很大的变化,越来越体现出服务企业的特征。

从生产实践上看,国际上制造业服务化大体上始于20世纪60~70年代,随着生产过程自动化、智能化程度的提高以及大型装备复杂化程度的加深,整个价值链中制造环节的比重日趋下降,产品的研发设计、交付、安装、维护等服务环节所占价值不断提升。从20世纪90年代起,处于行业领先地位的跨国公司率先开始了以产品为中心向服务导向的转型,同时针对整个产品生命周期开展了延伸服务的创新。如今为了将新产品、新流程和新服务推向市场,制造业企业必须调动广泛的技能,这些技能不仅包括专业生产技能,还包括市场分析、销售、物流,以及金融保险等非生产技能。制造业企业通过与其他公司的合作和外包使企业专业化程度得到提高,并不断增强企业的竞争优势。

已有研究中,Park(1989),Park 和 Chan(1989)讨论了服务业与制造业间协调融合的重要性程度,并提出了服务业与制造业间相互依存不相容的特点。Guerrieri 和 Meliciani(2004)、Pilat 和 Wolf(2005)、李冠霖

（2002）等运用投入产出分析方法，研究了制造业与服务业之间的互相依赖、互动的关系，验证了二者融合对经济发展水平、国际竞争力等的影响作用，表明尤其是随着制造业的社会维度和发展水平的加速，服务业和制造业提供的中间投入服务将继续增加。

尽管从投入与产出的角度来研究服务业与制造业之间的产业关联的波动和影响是有益的，但这样的研究仅仅是一个单向的描述，并不有助于深入了解服务业和制造业之间的双向互动和发展。在我国工业化过程中存在着由工业主导向服务主导型转变的历史阶段，这意味着随着工业化进程的加快，服务业将成为国民经济增长新的重要增长点。考虑到这一点，我国的学者顾乃华（2011）采用了面板数据模型和DEA技术进行分析，他认为在我国的经济转型时期，发展生产性服务业将有助于提高制造业的竞争力；同时也发现了不同类型地区生产性服务与制造业之间存在明显的互动关系。此外，一个地区的市场化水平越高，生产性服务业与制造业之间的相互作用就越明显，因此，发展生产性服务业将更有助于提高制造业的竞争力。这一结论对于理解当前中国经济转型升级中的产业结构优化具有重要意义。陈宪和黄建锋（2004）对2000年中国31个省区市的截面数据进行了回归分析，生产者服务业在提升制造业的生产效率上起到了至关重要的角色，其效果几乎是服务业整体对制造业生产率提升作用的三倍。因此，探讨企业间的合作关系是提升产业竞争力的一个重要途径。唐强荣等（2009）初步探索了如何构建生产性服务业与制造业的共生发展模型，并利用全国范围内的数据进行了深入的实证研究。

综上所述，服务业是随着工业化的发展而逐渐产生和独立于农业和制造业的，它是分工和专业化的结果。作为产业结构的重要组成部分，服务业的兴起和繁荣与制造业息息相关，随着经济的不断增长，服务业特别是知识密集型服务业与制造业之间，呈现出日益强化的相互影响、相互作用、唇齿相依的互动发展关系。

2.3 知识密集型服务业与制造业的关联

所谓知识密集型服务业，是指在生产过程中高度依赖专业技术知识，并为社会及客户提供所需知识的中间投入的组织，包括信息传输、计算机服务和软件业，金融业，租赁和商务服务业，科学研究和技术服务等行业。知识密集型服务业与传统制造业相比有其自身特点，如知识密集性、高附加价值性和强渗透性等，这些都决定了它不同于一般的生产性服务业，也有别于一般的消费型服务业。随着全球产业结构逐渐走向服务化和知识化，知识密集型服务业在一个国家的经济体系中的重要性日益凸显，这对于制造业的持续发展具有不可忽视的影响。知识密集型服务业是一种新兴的知识生成、储存和传播的生产服务业，知识密集型服务业在推动制造业的技术创新、产业升级、产品价值增长以及生产效率提升等多个方面都起到了至关重要的作用。知识密集型服务业的主要服务对象就是制造业，制造业依赖知识密集型服务业提供技术指导和专业服务。制造业与知识密集型服务业通过各自优势形成优势互补，两者呈现出一种相互协作的关系，彼此之间的需求是推动双方进一步发展的驱动力，能够互相提供对方所需的产品和服务，实现共同发展。知识密集型服务业能够通过提供高度的知识和技术支持，从而增强制造业的创新潜力，并促进其向更高层次发展。

知识密集型服务业被认为是专业知识的基本来源（Miles and Kastrinos，1998），其兴起是近几十年来建立知识经济的主要特征之一。制造业受知识密集型服务业影响重大，Baker（2007）指出知识密集型服务业每投入1欧元，可使制造业总产值增加约1.67欧元。一方面，制造业通过知识密集型服务共享和转换知识（Hertog，2000）来增强产品差异性；另一方面，知识密集型服务业的嵌入有助于提高许多制造流程的生产和价值链结构

(Dathe and Schmid, 2000; Cagno and Meliciani, 2005)。因此，知识密集型服务业与制造业的融合重构了制造业的产业结构（Franke and Kalmbach, 2015）。随着两者融合的不断加强，知识密集型服务业对制造业创新产生更多的促进作用。Muller 和 Zenker（2001）研究了位于法国和德国5个地区的企业样本，得出知识密集型服务业对中小制造业企业创新不仅有直接影响，而且对于吸收外部创新有间接作用。知识密集型服务业不仅可以自己进行创新，而且可以充当创新中介，促进知识和技术的转移（Baker, 2007）。Richard 和 William（2010）研究香港制造业的技术创新能力和创新来源后，发现知识密集型服务业在制造业区域创新体系中担当创新提供者和信息传播者的角色。此外，研究还表明，知识密集型服务业对制造业创新效率的影响会由于企业的规模、分工、业务模式、部门专业化和国际化程度，以及企业的生命周期不同而改变（OECD, 2006; Daria Ciriaci, 2015）。

近年来，国内学者对知识密集型服务业与制造业的产业融合也进行了大量研究。魏江（2007）、张晓欣（2010）等研究认为，制造业与知识密集型服务业融合发展有利于深化专业分工，向产业链上游延伸，实现产业升级。同时，知识密集型服务业高度依赖于特定学科或领域，以实现知识及技术的生产、储备、使用和扩散。袁立宏（2007）对比了销售式、咨询式和联盟式界面下知识密集型服务业和制造业的互动创新过程及影响因素，得出知识密集型服务业能直接影响两者的互动创新。储伊力（2018）比较分析了制造业与知识密集型服务业协同集聚创新效应的区域和时间异质性，结果表明整体带动区域创新发展，但存在分化不均衡发展。李福柱和李倩（2019）表明，相比于单个产业集聚，制造业与知识密集型服务业协同集聚对经济增长和绿色发展有更强的正向驱动作用，创新在此过程中发挥了更显著的中介效应。徐紫嫣等（2021）提出制造业与知识密集型服务业协同集聚通过提高区域创新产出影响出口技术复杂度，提高区域创新主要表现为投入产出关联、劳动力池和知识溢出效应。

2.4 知识密集型服务业与制造业融合的成因

近几十年来,知识经济建立的主要特征就是制造业越来越依赖知识密集型服务的投入,制造业产品被看作是不同行业垂直一体化生产过程的输出,这些垂直联系把跨部门的"知识"生产者和供应商联系在一起,使得制造业和服务业的边界日益模糊并逐步走向融合。知识密集型服务业与制造业的融合可以归纳为内部成因和外部成因。内部成因包括专业服务分工、技术发展与创新驱动;外部成因包括企业竞争力的提升和市场需求的驱动。

2.4.1 专业服务分工驱动

亚当·斯密关于劳动分工的观点强调,合理的劳动分工在提升生产效率和增加国民产值上发挥了至关重要的作用,这种分工有助于增强专业化水平和达到规模效益。分工和专业化导致产业的经济效益不仅仅依赖于其内部的经营状况,更多的是与其他产业共同合作和共同成长情况。在现代市场经济条件下,由于产品的需求弹性降低、竞争加剧以及消费者对商品多样化要求等原因,导致了市场竞争日益激烈,从而迫使企业不得不将更多精力放在降低成本上。因此,随着科学技术的进步和社会分工的深化,制造业企业生产过程中所需服务的外购成本已经低于其自己生产成本,以及某些环节的服务与信息无法自己独立完成和获取,这些都需要制造业企业积极寻求外部更加专业化的服务和信息资源。知识密集型服务业是一种新兴行业,它以信息技术为基础,利用先进的管理理念和技术手段进行产品或服务的研发、设计、制造、营销等活动,从而获得竞争优势。知识密集型的服务行业是通过提供高度专业化的服务信息以及相应的外包服务来实现的，这不仅可以减少公司的运营成本，还能帮助公司更专注于培养其核心竞争力。因此，在知识密集型服务业和制造业之间逐步形成了产业互动和交流渠道，一个有效的产业融合互动模式得以产生。

2.4.2 技术发展与创新驱动

罗默等（1990）提出的经济增长内生化模型中指出保持技术的先进性是国民经济增长的驱动力。随着知识经济时代的到来，技术进步成为推动社会生产效率提升的主要动力之一。实际上，随着制造业产品越来越多地呈现出同质化趋势，为了提升制造业企业的核心竞争力和获得更多的超额利润，制造业企业往往首选差异化竞争战略，即通过掌握某些核心知识与技术，在关键环节保持领先，从而能够提供差异化的产品和更优质的服务，这显然需要有更强的技术更新换代能力。知识密集型服务业拥有丰富的专业知识和强大的技术创新能力，可以为制造业企业提供具有可替代性的技术、产品和工艺，并在与制造业的融合过程中发挥作用。知识密集型服务业与制造业的融合不仅对原始产品技术的路径、设计理念和市场策略进行了优化，也有可能形成新的业态和产业模式，这既增强了产品在市场上的竞争力，也降低了产品的生产成本。随着技术的持续整合，两个产业之间消除了进入产业的障碍，建立了共同的技术创新基石，这也为既有产业带来了新的市场机会，并为产业整合提供了有利环境。从理论上看，随着知识密集型服务业对传统产业的渗透，知识密集型服务逐渐取代了传统制造型服务成为产业价值链中的一个重要部分。持续不断的技术进步和创新推动了知识密集型服务行业与制造业之间的技术转型和互动，这不仅打破了传统的产业界限，还催生了产业整合的趋势。从整体上看，技术创新是推动产业融合的动力因素，而产业融合也对技术创新起到促进作用。显然，高效的技术创新可以增进产业之间的互动和交流，并在生产的各个环节中推动制造业与知识密集型服务业的深度整合。

2.4.3 企业竞争力提升驱动

在市场经济持续发展的大背景下,制造业的整体竞争力会受到多种因素的影响,这不仅取决于生产活动本身的效率,而且不同生产活动之间建立的联系也是非常重要的(王金武 2006)。随着全球经济一体化进程的加快,世界各国都将目光投向了新技术和高技术产业上。出于对提升竞争力的强烈需求,制造业对生产环节的依赖在逐步减少,越来越多地聚焦于那些能为产品带来高附加价值的服务环节。在此背景下,服务业的知识密集性与生产性相结合,形成了具有独特竞争优势的"知识"型服务业。随着现代社会在经济和科技方面的快速进步,各个制造业行业对知识密集型服务业的依赖程度也在逐渐加强。知识密集型服务业不仅能够有效推动制造业整体技术水平和创新能力的提高,还能够促进制造业内部价值链结构向高级阶段迈进。因此,为了使制造业企业更好地适应时代潮流和市场需求,必须要将知识密集型服务业与传统制造业进行整合,实现两者的融合式发展。随着经济的持续增长,对提高竞争力的需求也在不断上升,导致制造业与知识型服务业之间的融合趋势日益明显。

2.4.4 市场需求驱动

对于制造业企业而言,知识密集型服务化战略标志着从销售产品到销售服务的转化。知识密集型服务化战略涉及不同类型的企业间和企业内的关系,并允许组织在市场上提供混合型服务,从而为客户、供应链和整个生态系统增加价值。知识密集型服务化战略意味着制造业企业从最初的专注于生产制造,逐渐转向以知识密集型服务为主导,提供能满足用户核心需求的多元化服务。因此,全面深入地满足相关用户的潜在需求,以应对企业之间激烈的市场份额争夺,对制造业企业变得尤为重要。随着知识经济时代到来,知识密集型服务业不仅为制造业提供技术层面的帮助,还影响了供应链或生态系统情景下的双边组织关系,包括:组织间网络,组织间链条,以及组织间关系。知识密集型服务业服务化战略需要在供应链的多个层面上进行重大流程变革,这不是单一企业商业模式的转变,而是供应链和生态系统的转变。知识密集型服务业通过与制造业的深度互动,整合服务和产品以满足客户多样化的需求。鉴于这些高科技和高知识密度的服务是基于企业的实际需求而设计的,因此它们更容易赢得企业的认可,并助力企业增强其市场竞争力和声誉。正是由于市场需求的驱动,知识密集型服务业与制造业之间才呈现出日益明显的融合互动趋势。

2.5 知识密集型服务业促进制造业转型升级的作用机理

随着社会分工深化,制造业将非核心服务外包有助于降低成本,从而集中资源发展关键领域,提高生产效率。外部知识密集型服务供应商规模扩大产生规模经济效应,为制造业提供高质量服务,形成良性循环。由于技术和管理原因,制造业产品技术含量低,需技术创新提升科技含量,以推动制造业内部构造调整优化,实现组织结构平坦化,增强工作效率。同时,产业结构层次上升,是制造业向更高层次发展的关键。我们将这些作用机理概括为规模效应、专业化效应、产业协同效应,以及知识溢出效应。

2.5.1 规模效应

规模效应是指由于集聚使得生产所需的基础设施、技术和资金等资源相对集中,可以降低知识密集型服务业的成本费用。

从规模效益的角度分析,集聚导致生产所需的基础设施、技术和资金等资源相对集中,有助于降低知识密集型服务业的成本和费用。因此,知识密集型服务业的专业化集聚会促进制造业的转型与升级。在特定区域内,知识密集型服务业的专业化集聚吸引了大量类似产业,为制造业的整个生产链提供了专业化的中间服务。这种规模效应不仅降低了该产业的成本,还进一步减少了中间服务产品的成本,从而降低了制造业企业在非生产过程中的交易成本,推动了产业的升级。知识密集型服务业通过提高制造业内部分工程度来促进产业结构高级化,从而推动经济增长方式转变。与制造业相比,知识密集型服务业展现出更加明显的空间聚集特点。为了更有效地满足制造业的需求,这种服务业往往选择在制造业周边地区进行扩展和发展。知识密集型服务行业所带来的产业聚集对于资源配置的优化可以总结为规模经济的效益、市场竞争的影响、专业发展的效益以及知识的外溢效益等。知识密集型服务业的集聚可以通过促进技术进步来提高生产率和降低交易成本,进而减少资源错配。一方面,与知识密集型服务业相关的交易活动逐渐在一个特定区域内集中,这将通过专业化的分工和集聚带来效率的提升,从而为制造业提供更高质量的服务,并促使制造业能集中更多的人力、财力和物力来发展其核心业务;另一方面,知识密集型服务提供的行业本身拥有较高的技术含量和附加价值,这有助于提高该区域的劳动生产力,使其逐渐成为该区域的主导行业,并进一步驱动整个地域甚至全国的产业结构升级,推动经济发展。

与知识密集型服务业的专业化集聚相比,多样化集聚所带来的规模效应显得较为有限。因此,多样化集聚对我国知识密集型服务业集聚产生了不利影响。然而,多样化集聚导致了不同行业的知识密集型服务业的聚集,包括不同领域的知识、技术、人才和信息等,这加深了细分行业的专业化分工。此外,知识密集型的服务行业通过多样化的集聚,能够提供更为丰富和广泛的资源与信息,制造行业的公司有机会挑选对其成长有益的资源,并从中"搭便车",从而提高其发展的质量和效益。

在知识密集型的服务产业中,其规模效应对于增强制造业的产出效能起到了促进作用。知识密集型的服务业对制造行业直接的正面效应表现为它提高了企业之间的中间投资，进而有效提升了制造业的整体产值。知识密集型服务业所展现出的规模效应能够有效地降低该行业的生产成本。因此，知识密集型服务业所产生的规模经济影响，主要体现在其对制造业企业研发资源的逐渐增加。知识密集型服务行业的兴起对于提高制造业的生产效能有着积极作用，其实现是通过间接的方式使制造业的构造逐步向更高级的模式转型和升级。

2.5.2 专业化效应

专业化效应指的是，在特定的集聚区域内，服务变得更为专业，各个行业的分工也变得更加细致，这进一步推动了产品的创新，并激励制造业进行产品的升级和更深层次的创新。

（1）服务外部化。

依据社会分工的理论框架，知识密集型服务业如研发设计、通信和金融的快速崛起显著地减少了企业之间服务链的相对成本。上游服务业与下游制造业之间形成一个相互独立且彼此依赖的产业体系，这不仅是一种组织创新现象，也是一种新经济形态——网络外部性作用下的产业关联过程。上游服务业在推动资源最优配置方面的一个关键机制是，其发展能够显著提升社会的分工水平、延伸产品的生产链、减少社会经济交易的成本，从而进一步优化资源的配置效率。在我国，随着经济增长方式的转型和工业化进程的加快，产业结构调整也日益迫切，这使得上下游服务业之间的联系更加密切，从而对产业链中不同环节上的企业提出更高的要求。制造业可以通过从具有规模经济的上游服务行业中购买专业的中间服务来显著减少中间投入的成本，从而产生直接的成本降低效果；从另一个角度来看，"外购化"的服务投入可以帮助企业将多余的资源更有效地分配到生产过程中，从而增强企业的生产效率。研究发现，当制造业存在规模经济时，其与生产性服务业间存在着相互替代关系，即前者能够有效地抑制后者对自身效率的影响，并使两者均获得更高的产出水平。因此，上游生产性服务业的发展将促使制造业追求降低成本和产品差异化，推动生产服务的外部化和专业分工深化，由此制造业的资源和能力逐渐被集中到优势环节，极大提高生产率。

（2）分工精细化。

从专业效应来看，当生产活动被独立出来时，制造业的分工变得更为专业化，这进一步加强了对企业核心竞争力的关注，提高了制造业的整体发展水平，并推动了企业向高端制造业的转型。

随着工业化步伐不断加快和科学技术的持续进步，更多的服务部门开始从工业企业中独立出来，从过去的企业"内部供给"转变为现在的"外部供给"，从而加速了生产性服务业的发展。在此背景下，制造业与生产性服务业之间的界限被打破，两者间相互融合、相互促进的关系日益显著。随着分工的进一步细化，制造业对外部供应的需求也在不断增加和专业化，这进一步揭示了生产服务业分工的深化导致产业链的持续扩展，从而使得生产组织和管理变得更为复杂。在这样的背景下，知识密集型的产业逐渐成为现代经济增长的主要动力来源之一，同时它又是知识经济最具有发展潜力的行业之一。在当前的时代背景下，知识密集型服务业，如产品研发、设计和法律咨询，在制造业生产流程中的作用日益凸显。

更细致的分工意味着制造业将其内部的非核心生产活动进行分离，使得制造业的分工变得更加专业和细致，从而更加重视企业的核心竞争力，提高制造业的发展水平，推动企业向高端制造业发展。知识密集型服务业具有较强的创新功能，能够推动制造产业从价值链低端逐步向上攀升。知识密集型服务业的聚集不仅能够通过直接或间接的途径对制造业的结构升级产生影响，金融服务行业将资本投入制造业的生产流程中，金融行为在整个行业的资源再配置中起到了重要的作用，从而提高了制造业的资源配置效率，不断优化制造业的发展模式和产业结构。通过租赁和商务服务业等方式，制造业能够享受到一个优质的商业流通环境，进一步完善市场运作机制，并通过知识外溢来促进制造业的持续发展，从而实现制造业结构的优化和升级。

在专业化集聚区，知识密集型服务业更倾向于提供如研发、技术和设计等专业化服务。这些细致的服务是由具有相似功能的知识密集型企业提供的，而不是由单一企业集中供应，为创建专业、精细且具有核心竞争力的知识密集型服务项目和经营模式，抵抗外部竞争压力提供了条件。在知识密集型服务业中，更加注重专业化的生产方法，所提供的中间服务产品也会变得更为专业和细致，这不仅能增加制造业产业链的附加价值，还能刺激制造业产品的创新，进一步推动制造业产品的升级和创新。

（3）成本最小化。

随着专业化分工的进一步深化和生产的迂回性增加，制造业的生产成本得到了降低，生产效率也得到了提升。但是，由于竞争日益加剧，降低生产成本的空间变得越来越小。而像法律和咨询这样的服务，企业并不是经常使用这种生产要素，如果是由企业自身提供的，就会产生很高的成本。在此背景下，专业化成为一种趋势，企业开始向价值链高端攀升，以获得更多利润。当一个企业在市场上进行交易的成本相对较低，但其提供此类资源的成本却相对较高时，制造行业会选择将此业务外包给外部供应商，这些供应商往往会利用其专业优势来进行大规模的经营活动，李海朋（2016）指出，由此产生的规模经济效应将促使外部供应商以低于制造业内部生产成本的价格提供金融、财务和咨询等多种服务活动。同时，随着互联网技术在全球范围内普及和应用，网络交易中的信息不对称现象将被消除，企业间的竞争将会更加激烈。制造业的公司有能力集中其资源来进行研发和创新，从而增加产品的附加价值并提高其市场竞争力。

知识密集型服务业作为中间投入型产业，对制造业的上、中、下游均有重要的影响。知识密集型服务业和制造业在经济发展中各司其职、相互促进，不仅能够降低制造业生产和交易的成本，而且有利于两个行业的专业化生产，充分发挥自身较强的优势。时至今日，科学技术水平的发展之快已经不可同日而语，现如今我国制造业的发展逐渐显示出弊端，如环境污染严重、劳动密集型产品居多等问题。由此我国制造业企业大多开始转型升级，将生产营销的各个环节加以分类细化，同时把企业服务短板从中剥离出来。这既有利于降低企业的管理成本和管理难度，也能够将资源重新配置。开展优势较大的生产活动，有利于生产效率的提高。这种方式的见效会使制造业企业的信心增强，从而不断深化分工，进一步推动制造业的转型升级。同时，专业化的分工可以使集聚区内的企业服务更加细化、行业的分工更加明确，这有利于分线的分散和转移，使制造业企业与服务业共同承担所面临的风险，降低了制造业企业的经营成本。另外，制造业企业节省下来的成本可以投入产品研发、吸纳人才中，可以提高企业的生产效率。例如，知识密集型服务业中的金融业，企业可以使用金融衍生工具进行融资，降低制造业企业的融资成本和难度，使资本尽可能多地流向高新技术部门；租赁和商务服务业可以为制造业提供良好的商业环境，通过完善市场机制，实现制造业生产效率的提高；科学研究、地质勘查业和信息传输行业通过新理论、新技术、高级要素资源的传递，实现制造业生产效率的提高。

总之，科学技术的进步，降低了企业的交易费用，使得企业集中更多的资源投向核心领域，并且深化了社会分工，更加专业化的生产容易使企业出现规模效应，进一步降低了企业生产经营成本，形成一个良性循环。

2.5.3 产业协同效应

产业协同效应是指不同产业之间通过合作、协调和共享资源，共同完成产品或服务的生产、销售和分配，以实现全局优化和价值创造。通过产业协同效应，知识密集型服务业可以促进制造业内部结构优化和价值链攀升。

(1) 内部结构优化。

在当前的经济架构里,不同产业并不是孤立的,它们之间有着紧密的互动和联系。知识密集型服务业与经济系统其他部分的融合,不仅反映了对知识需求的普遍增加,还反映出部门与部门之间日益增加的劳动分工,这样的变化重新配置了经济系统的部门结构。因此,对知识密集型服务需求的增加也应该解释为制造业本身结构变化的结果,在这种结构变化中,企业的创新和组织努力倾向于一种节省劳动力的技术进步。基于这些考虑,制造业和服务业,尤其是和知识密集型服务业之间的界限变得模糊就不足为奇了。

对知识密集型服务业的需求会随着企业规模、劳动分工、商业模式、知识库、行业专业化和国际化程度等几个维度的不同而变化。例如,初创公司可能无法负担外部服务,只能自己提供服务。因此,初创企业和小微企业的知识密集型服务整合水平通常会低于大型企业。随着业务的增长,初创公司可以支付外包服务的费用,也可以聘请专家在内部执行服务,这显然会改变企业的内部结构。

此外,产品和业务生命周期的每个阶段对知识密集型服务的需求也不同。例如,研发服务一般是在生产过程的早期阶段提供的,而知识产权、商业化、市场营销和生产过程开发往往在生产过程的最后阶段更为重要。总的来说,在产品生命周期的成熟阶段,外部服务的使用通常会更多。例如,许多软件公司使用内部资源来指定、设计和实现新产品,并且需要外部的帮助来制定业务策略,包括产权和财政权,然后是法律服务。这些都表明,知识密集型服务业与经济系统其他部分在相互作用的方式和程度上,会有高度的异质性,对制造业内部结构的影响也会不同。

从供给角度来看,知识密集型服务作为外部知识来源为企业提供定制的解决问题方案,优化制造业企业的生产工艺和流程。更为重要的是,它们负责知识的创造、不同来源知识的组合,以及知识本身的传播,促进知识和技术向企业的转移从而使得制造业企业获得研发能力的提升和技术进步，推动制造业转型升级。

从需求角度来看，知识密集型服务的投入提升了制造业的创新能力，而这种创新能力的增强无疑会刺激新的市场需求，使得制造业能够生产出更多的差异化产品，从而提高产品的附加值，获得更强的企业竞争力。因此，需求的变化对制造业的结构优化也产生了间接影响。

（2）价值链攀升。

从价值链视角出发，产业之间的协作可以被视为价值链的拆分、融合和再塑造。价值链上的企业通过分工协作实现增值并最终获利。随着分工的不断深化和交易成本的持续上升，制造业和知识密集型服务业的原始价值链被拆分为多个不同的环节。为了追求更高的收益，这些环节被重新整合，从而形成了一个全新的价值链，产业融合得以发生。

价值链通常被划分为三个部分：上游主要集中在研究和开发活动上，中游主要关注生产和加工流程，而下游则涵盖了市场营销和售后服务等多个方面，但不是价值链上所有的活动都能带来相同的收益。在价值链中，不同环节之间存在着明显差异。通常位于"微笑曲线"的高端研发、设计和营销服务具有较高的附加价值，而位于"微笑曲线"低端的制造环节的利润相对较低（见图2-5）。随着工业化程度的加深，一味地在"微笑曲线"的两端进行持续的投资和开发显然是不现实的。因此，各个企业开始

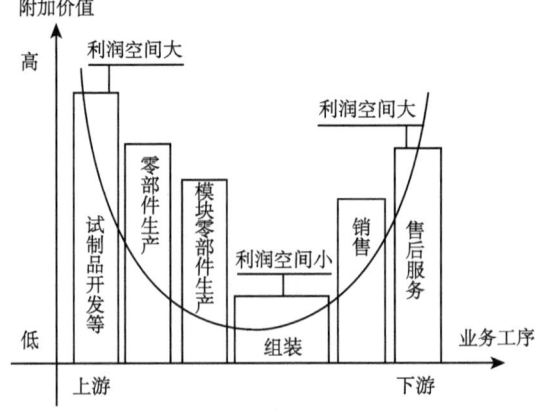

图2-5 微笑曲线

在制造和生产服务这两个环节中做出选择，以实现价值的增长。制造业正面临着从传统产品制造向以客户需求为中心的服务转型升级。服务外包与制造服务化是制造业提升其竞争力的两个核心策略。制造业和知识密集型服务业在空间布局方面的相互依赖产生了劳动力池和中间投入品共享的积极影响。知识密集型服务业的集聚能够提升制造业企业创新效率和创新能力，并对区域经济增长产生正向推动作用。简而言之，知识密集型服务业通过融入价值链，与制造业的相关部门建立了紧密的联系，这不仅推动了新知识和技术的广泛传播，同时也实现了资源的最优分配。

随着市场竞争的日益加剧，价值链上下游创造的价值明显超过中游。为了得到更高的产品附加值，高技术制造业会从价值链中游向上下游拓展，逐渐将资源转移到价值链的其他环节，这些环节主要是知识密集型服务。制造业与知识密集型服务业因为资源的转移和价值链的拓展而联系得更为紧密，从而实现深度融合。因此，在新经济时代下，制造业与知识密集型服务业之间存在着一种相互融合的关系。在此过程中，制造行业将其价值链进行了拆分，并通过技术和管理的创新，将部分创造价值的活动扩展到知识密集型服务业的领域，然后重新整合了两个产业的核心价值活动，形成了一个全新的价值链，以弥补其存在的不足。一般而言，在价值链的上游部分，研发、技术和设计为制造业提供了必要的资源和技术支持；在价值链的中间环节，常常需要计算机软件、通信服务为制造业提供服务支持；在价值链的下游环节，商务服务业能够提供制造业所需要的法律、广告等服务。可以看到，知识密集型服务业贯穿制造业价值链的每个环节，和制造业之间存在着密切的联系，是制造业获取竞争优势的重要源泉。因此，通过知识密集型服务业与制造业的融合发展，可以整合和重塑制造业价值链，实现制造业价值链的攀升。

2.5.4 知识溢出效应

知识溢出效应意味着在集中区域内，信息交流的成本得到了降低。企业之间通过信息的互动和共享,将最新的理论、技术和知识传递到制造业的生产流程中,从而形成了知识密集型服务业与制造业之间的知识外溢效应,这不仅提高了制造业的研发和技术创新效率,还推动了制造业结构的升级。

(1) 知识转移。

知识转移是指知识密集型服务业作为技术的传播渠道和中介,促进知识和技术向制造业的转移。知识密集型服务业通过增加制造业的知识存量,扩展知识边界,建立所谓的"创新生态系统",从而提高制造业的创新能力和生产效率。相较于专业化效应,知识转移效应是直接作用于制造企业的知识储备,使制造业企业以各种方式依赖于不同合作伙伴的专业知识。由于创新网络中知识密集型服务业地位独特,它的投入可以显著提升制造业的创新能力。在这个创新的网络体系里,知识密集型服务业展现出高度的中心性和高度知识密集程度,这使知识密集型服务企业可以专门从事知识的筛选、评估和评价,并执行针对制造业企业的增加"高智力附加值"的活动。鉴于知识密集型服务企业与其客户企业之间存在的非竞争性联系,知识密集型服务企业的知识储备增长直接促进了客户企业知识储备的提升,从而成为客户企业创新活动的主要推动力。此外,知识密集型服务企业还占据大量的结构洞,所谓的结构洞,是指那些尚未建立连接的个体之间可能存在的联系。处于结构洞位置的公司有机会接触到彼此并不直接关联的合作伙伴,这使得它们能够接触到众多的信息流,从而获取更丰富的非重复信息。在一个由知识密集型服务企业和其客户企业群组成的网络环境中,知识密集型服务企业与每一个客户企业之间都存在直接的联系,但客户企业间的知识联系则相对缺乏或联系不够紧密。因此,知识密集服务企业是以知识为核心资源并通过提供增值服务来获取利润的组织形式。由于知识密集型服务企业在网络环境中具有独特的特性,它起到了至关重要的桥接作用,特别是对于制造业来说,这有助于增加其知识储备和提升创新能力。

知识密集型服务行业与制造业之间的相互作用有助于制造业摆脱对创新路径的依赖性。从价值链视角对两者的互动关系进行分析。创新是基于路径的，而边缘搜索是这种路径依赖的核心驱动因素。为了突破这种"创新陷阱"并摆脱路径依赖，企业需要不断地进行探索，跨越组织和技术的界限，以获取新的知识。知识密集型服务企业提供产品或服务，并在此基础上进行研发、生产、营销等一系列活动，从而形成一个完整的产业链。在知识密集型服务企业与制造业之间建立服务关系的过程中，新的项目组的成立迫使双方员工建立互动关系，从而突破传统的知识探索边界，获取新的知识，有助于打破创新的路径依赖。

（2）知识扩散。

知识密集型服务行业的核心目标是通过加强隐性、显性以及隐性知识子系统之间的知识交流，确保知识在整个知识体系中持续地生成和传播。因此，知识密集型服务业能够有效推动知识在各类型企业间的转移与交流。基于 Howells 和 Roberts 等（1999）对知识密集型服务业的深入研究，发现知识密集型服务业不仅在知识系统内部对知识的生成和传播起到了关键作用，而且通过整合不同知识系统的元素，进一步促进了知识在各种知识系统中的生成和传播。知识密集型服务业的这种知识扩散可以分为直接效应和间接效应。

直接效应描述的是知识密集型服务行业如何通过其内部创新来增强整个创新体系的表现，这包括了如产品、过程和组织等传统的服务创新方式（Gallouj，1998）。近年来，随着经济全球化进程的加快以及知识经济时代的来临，知识密集型服务业逐渐成为各国竞相发展的新兴产业。Licht（1997）及其团队的实证研究表明，与高技术制造业相比，知识密集型服务业的创新能力甚至有可能达到同等水平。但是，与制造业企业相比，大部分的知识密集型服务业企业在组织层面上并没有明显的 R&D 活动，而是更多地通过"互动中学"和"干中学"等学习过程来产生知识和认识产品。另外，鉴于服务的多样性，知识密集型服务行业的具体创新流程很难明确界定，同时其对隐性知识流动的普遍性也是难以量化的。因此，知识密集型服务业在整个创新系统中发挥着重要作用。然而，从知识生成和传播的视角来看，知识密集型服务业通过自身的创新活动，不仅增强了其知识供应、传播和吸收的能力，还进一步扩充了整个创新体系内的资源，提升了网络连接质量，并优化了创新传播的效率。

间接效应描述了客户企业如何通过购买和使用知识服务来增强其创新能力，从而在整体上促进创新系统的绩效提升。大量的宏观统计数据显示，知识密集型服务业的应用对企业绩效的提升起到了积极作用。研究表明，知识密集型服务业对创新系统的战略性影响主要来源于间接效应和正向反馈，长期来看能够提高知识密集型服务业客户企业的能力，进而提高适应力和竞争力。同时，这些效应是知识密集型服务业和客户企业成功互动和学习过程的产物，受到组织背景的影响。

（3）知识外溢。

通过溢出效应，知识、技术和信息能在互补行业中迅速传播，从而促进企业间的知识传递和创新发展。这有助于企业间的协同合作，完善业务链条，为制造业企业提供更方便的"一站式"服务，进而提高制造业企业在产业链中的要素配置效率。同时，知识密集型服务业集聚对制造业内部价值链分工也具有促进作用，使整个产业价值链趋于合理化，提高了制造业企业的核心竞争力，增强其竞争优势，从而实现产业结构升级和经济增长方式转变。此外，知识密集型服务业的各个子行业的集中可以在某种程度上降低合作运营的成本，从而减少制造业部门的交易成本，优化制造业企业的生产模式，使制造业的发展更加科学、合理。

知识的外溢主要在两个层面上显现：

首先是潜在的知识溢出效果。由于服务业与制造业之间存在着广泛而密切的关联关系，因此，知识的有效转移对促进产业升级具有重要意义。由于知识密集型服务业集聚区聚集了众多的高级和高学历的专业人士，因此服务业和制造业企业的员工在日常交流和沟通中，会将支持制造业价值创造环节的知识进行广泛的传播和共享。特别是在员工跨行业流动的情况下，这将进一步促进知识和技术的流通。从而产生一种无形资本——隐性知识溢出。

其次是显性的知识外溢影响。即产业集群内各成员之间可以相互分享各自所拥有的知识，并将其转化为生产力以实现增值服务。知识密集型服务企业利用信息网络和其他日益先进的互联网通信技术进行信息传播，可以将区域内的专业知识、技术和信息进行持续的分析和整合，然后传递给制造业，使其能够持续获取新技术、新知识和增值服务，从而推动制造业企业不断进行技术创新，满足制造业的结构升级需求。

第3章

发达国家制造业与知识密集型服务业的产业融合

3.1 发达国家服务业总体发展水平的变化

从20世纪80年代开始,全球经济结构就呈现服务业主导的趋势,世界主要发达国家都经历了从以制造业为主向以服务业为主的产业结构变革,服务业的发展程度已经成为衡量一个地区经济社会发展状况和国际竞争力的标志之一。根据世贸组织与世界银行2023年联合发布的统计数据,1980~2020年,服务业占全球GDP的比重从56%增加到67%,主要发达国家达到70%以上。与2005年相比,2021年全球服务出口增加了大约170%,而且发展中经济体和发达经济体服务业出口增速表现都非常强劲。与此同时,服务业吸收就业比重也在不断增加,西方发达国家服务业就业比重普遍达到60%~80%。此外,全球跨国直接投资也由制造业外包为主逐渐变为服务业外包为主,目前服务业外商直接投资在投资总额中的份额已经超过了60%。

表3-1是世界银行WDI数据库所公布的一些发达国家服务业比重变化情况,可以看出,主要发达国家的服务业占GDP比重都呈持续上升态势,1989~2020年,这些发达国家的服务业占GDP比重上升幅度基本均超过10个百分点(德国除外)。分国别来看,美国从1989年的69%上升到

2020年的78.1%,日本从1989年的56.5%上升到2020年的69.5%,德国从1989年的59.7%上升到2020年的63.3%,英国从1989年的61.8%上升到2020年的72.6%,法国从1989年的61.8%上升到2020年的71.2%。

表3-1　世界主要发达国家服务业增加值占GDP比重变化情况　　单位:%

年份	美国	日本	德国	英国	法国
1989	69.0	56.5	59.7	61.8	61.8
1999	72.2	62.2	61.5	66.4	65.9
2009	76.5	71.9	64.2	71.8	70.8
2020	78.1	69.5	63.3	72.6	71.2

资料来源:世界银行WDI数据库。

随着服务业增加值占GDP比重的增加,西方发达国家服务业就业比重也在增加。分国别来看,美国的服务业就业比重从1989年的75%上升到2020年的81.2%,日本从1989年的56.5%上升到2020年的69.7%,德国从1989年的59.3%上升到2020年的70.2%,英国从1989年的68.7%上升到2020年的78.9%,法国从1989年的66.1%上升到2020年的74.9%(见表3-2)。

表3-2　世界主要发达国家服务业就业比重变化情况　　单位:%

年份	美国	日本	德国	英国	法国
1989	75.0	56.5	59.3	68.7	66.1
1999	78.0	60.5	67.5	75.2	72.0
2009	78.8	66.4	69.6	76.3	72.4
2020	81.2	69.7	70.2	78.9	74.9

资料来源:世界银行WDI数据库。

西方发达国家服务业增长主要依靠的是技术推动,这主要得益于服务业强大的创新能力和产业集聚效应。以美国为例,世界银行WDI数据库中的统计数据显示,美国服务业的R&D经费投入的平均增长率是其他行业的两倍,绝对值不仅远高于发展中国家,甚至显著高于日本和欧洲各国。凭借强大的科技投入与创新能力,以金融、咨询、法律等行业为代表的知识密集型服务业经历了一个以信息技术研发和应用为主要内容的技术创新和改造浪潮，大幅提高了服务业的技术含量与竞争能力。

此外，高技术渗透的服务业，特别是生产性服务业，集聚效应更加明显，生产性服务业集聚所发挥的经济效应，大大促进了所在区域的发展。以美国为例，美国知识技术密集型（KTI）产业的生产集中在少数几个州。2021年，排名前五的州约占美国知识技术密集型产业增加值的一半，其中仅加利福尼亚州就占25%，其次是得克萨斯州（8%）、华盛顿州（6%）、纽约州（5%）和马萨诸塞州（5%）。在知识技术密集型产业中，知识密集型服务业对区域经济的贡献尤为突出。以美国纽约州为例，根据美国国家科学委员会的统计，2019年，纽约州排在前三位的行业分别是：第一，金融、保险、不动产和物业租赁，产值达到4331.1亿美元，占总体GDP的29.4%；第二，专业服务和商务服务，产值为2113.6亿美元，占总体GDP的14.3%；第三，信息业，产值为1620.4亿美元，占总体GDP的11%。可以看到，三类高技术知识密集型服务业的产值超过纽约州总体GDP的一半，达到了54.7%。

发达国家的服务业，特别是生产性服务业，之所以在20世纪90年代以后增长较快，与90年代发达国家信息技术水平的迅速发展有密切关系。随着发达国家数字化和网络技术的广泛应用，服务产品的生产和流通打破了空间的局限，推动了制造业与生产服务业的设计、生产、销售乃至服务的网络一体化，带动了一批新兴生产服务行业的出现，如计算机及数据处理服务业、工业设计服务业等，促进了制造业对服务中间需求的扩大，加深了制造业和生产服务业之间的产业关联。

此外，随着发达国家进入服务经济时代，服务业特别是知识密集型服务业的高附加值创造能力表现得更加明显。以美国为例，美国是全球最大的知识密集型服务提供者，2021年美国知识密集型服务业的增加值为1.3万亿美元，占全球知识密集型服务业增加值的39%，呈现出极强的盈利能力。

3.2 发达国家制造业与知识密集型服务业融合的发展概况

发达国家制造业和服务业深度融合是推进工业化进程、加快产业转型升级的迫切需要。美国、德国、日本、英国等发达国家发展成功的一个重要特点就是制造业和服务业自20世纪50年代开始就逐步融合。前述发达国家服务业总体发展水平的变化表明,世界主要发达国家三次产业对国内生产总值贡献率过去20年有显著变化,第三产业对国内生产总值的贡献率提高,第二产业对国内生产总值的贡献率降低,制造业与知识密集型服务业融合程度不断加深。

(1) 美国。

知识产权密集型产业在美国经济中占据了重要地位,在2019年,这个产业在美国的国内经济中占据了41%的份额,为美国创造了6300万个工作机会,这占据了美国全部工作岗位的44%。美国是世界上最大的高技术产品生产国和出口国,也是全球最大的高技术市场之一,高技术产业已成为支撑美国经济增长、引领科技创新、推动产业结构升级与优化以及提高国家竞争力的重要力量。在过去的五十年里,美国的高技术产业内涵经历了不断的演变,目前已经发展成为一个将制造业和服务业融为一体的知识技术密集型产业,其产业规模在全球范围内位居首位。美国高技术产业是以创新为动力推动科技与产业结合的重要载体。美国的高科技产业涵盖了航空航天制造、计算机和办公设备制造、通信设备生产以及医药制造等多个领域,这些行业在全球范围内都展现出了显著的竞争力。近年来,随着信息技术革命的快速推进以及互联网技术的飞速发展,以数字科技为代表的新一代高新技术开始渗透到传统制造业领域,促进了传统产业转型升级,推动着美国产业结构向服务化转变。为了促进制造业与知识密集型服务业的深度融合，美国依赖于技术的不断进步，并通过加强研发设计、信息服务、金融以及商务中介服务的发展，采纳了"服务优先"的出口策略，这为美国提供了强有力的支持，使其能够将价值链中的低端制造环节转移到国外，并确保高端制造业在国内得以保留。在美国推行的"再工业化"策略中，知识密集型服务业被认为是制造业增长的关键支柱。美国为了鼓励知识密集型服务业相关研发，出台了按照研发费用的一定比例（20%）减免税收和退税等政策，特别是围绕发展高科技，形成了有名的硅谷高新技术服务业集群；除了制订"信息高速公路计划"、推动发展信息服务业外，美国还高度重视推动政府和企业开展多种方式的合作，确保企业在信息资源开发战略中的主导地位。美国政府采取的一系列措施，极大地促进了知识密集型服务业发展，使美国成为全球知识密集型服务业国际中心，有力地推动了国内制造业专业化、高端化和国际化，客观上使制造业和知识密集型服务业深度融合、相辅相成。

（2）德国。

德国通过工业4.0战略，积极推动装备制造业智能化、信息化发展，从提供制造业产品发展到提供一体化解决方案，从单一制造型企业向"制造+服务"型企业演进。德国以其先进的技术和制造业闻名于世，知识密集型服务业在德国经济中也占据重要地位。德国在汽车制造、机械工程、化学工业等领域具有领先地位，这些行业的发展不仅依赖于先进的技术，还需要高度专业化的服务业支持。在产品提供方面，主要出口产品包括汽车整车、电气设备、运输设备、电子产品等成套装备，以及精密机床、机械模具、基础零件等细分产品。在一体化方案方面，针对全球不同客户意见及要求，提供"产品研发设计—生产制造—终身维修—系统更新"等一体化解决方案与配套服务。与美国服务型制造相比，德国服务型制造相对较弱，以制造和销售高端产品为主，对围绕产品的服务价值挖掘不够充分。柏林作为德国的首都和最大的城市，地区生产总值近2700亿美元，工业约占全市GDP的2/3，大力促进先进制造和现代服务业融合创新，发展科技服务、金融服务、物流服务、节能环保服务等服务于电子、机械制造等主导产业。柏林主要通过强化科技创新推动两业融合发展、抓住数字化转型这一关键变量、不断壮大生产性服务业的实力等举措打造两业融合发展高地。德国"再工业化"战略提出通过新一代信息技术与产品深度融合提高产品智能化水平，并基于此开展故障预警、远程诊断、运行优化、预测性维护、远程升级等服务，大力推进制造和服务融合。

（3）日本。

日本的知识密集型服务业与其他行业有着紧密的互动关系，其快速增长得益于国际制造业的产业转移。为了推动制造业的升级，日本以研发和设计为切入点，大力推进知识密集型服务业的发展，从而实现产业结构的轻量化。近年来，日本对制造业和知识密集型服务业的融合日益重视，通过两业融合不断提高制造业竞争力。日本在2016年发布的《制造基础白皮书》中明确指出："日本政府强烈建议企业管理者，根据市场的动态来推动经营上的创新；产品的附加价值应该从'物品'转向'服务'和'解决策略'；仅仅生产'物品'已经不能确保其更好地生存"。白皮书提到的这种商业模式的变革，显然就是我们所讲的"服务型制造"。东京是日本（制造业增加值占GDP的19.8%，高于全球平均水平16.6%）的经济中心，以微电子、新材料、生物科技等创新型先进制造产业为主，汇聚丰田、本田、索尼等大量具有全球影响力和产业链控制力的制造业总部企业，通过落实IT立国战略和"互联工业"战略，促进信息服务业、科技服务业等知识密集型服务业和制造业融合发展，已成为全球领先的先进制造业基地。东京主要以IT技术和"互联工业"赋能"制造+服务"加速融合、以产学研合作促进"制造+服务"深度融合、发展高附加值服务业推动先进制造业发展、以中小企业数字化转型为手段扩大两业融合效果。

（4）新加坡。

新加坡发展制造业与知识密集型服务业融合的主要做法为：以"数字+制造+服务"推进制造业转型和变革，探索走出具有新加坡特色的国际供应链管理之路。新加坡是全球制造业最具竞争力的国家之一,其先进制造业占全部制造业比重高达82.1%。新加坡制造业以电子信息、精密工程、生物医药、航空等高附加值制造行业为主,其在智能工厂、工业互联网、共享生产、供应链管理、全生命周期管理等新业态、新模式方面世界领先。新加坡是亚洲的服务业中心之一,特别是在金融服务、教育和医疗等领域。新加坡是一个以服务业为主导的经济体,知识密集型服务业是其经济的重要支柱。新加坡在金融、信息技术、物流和医疗保健等领域发展迅速,这些领域的发展得益于新加坡政府对教育和技术的重视,以及对创新和创业的支持。

综上所述,发达国家的发展经验表明,制造业和服务业的深度融合,极大地拓宽了企业作为市场供应者的空间视角和时间维度。制造业和知识密集型服务业的融合使制造业企业能够在更广泛的范围内,采用更集中、更高效的组织策略和更丰富、更集成的技术手段,来发掘有效的需求和开展创新活动,从而通过改变生产关系来创造新的价值。发达国家致力于发展先进技术,通过持续的技术革命和创新,利用服务业来推动制造业的发展,并通过产业集群等策略来刺激经济增长,进而促进制造业与知识密集型服务业的深度融合,其很多做法对我国先进制造业与知识密集型服务业融合,进而实现高质量发展有重要的参考价值。表3-3是发达国家制造业和知识密集型服务业融合的新业态、新模式的一个概括总结。

表3-3　　　　发达国家两业融合的新业态、新模式

主要类型	主要特点	案例
工业互联网	新一代信息技术与制造业深度融合所形成的新业态新模式,通过人、机、物的全面互联,实现全要素、全产业链、全价值链的全面连接,是一种颠覆传统制造模式、生产组织方式的产业形态,也是未来工业发展的方向	西门子、思科、施耐德、PTC、GE
智能工厂	新一代信息技术、人工智能、软件技术等与制造业融合所形成的新型制造模式,通过智能决策、人机交互、虚拟仿真等,构建端到端的自动化交付流水线,实现企业价值链的业务集成	西门子、ABB、FANUC、安川、库卡
供应链管理	从原料采购到产品交付至最终目的地的整个过程中,对与产品或服务有关的商品、数据和资金的流动进行的管理	丰田、红领集团、波音

续表

主要类型	主要特点	案例
全生命周期管理	全生命周期管理指系统管理从需求分析到淘汰报废或回收再处置的产品全部生命历程，着力统筹优化产品服务，综合协调产品、用户以及环境利益，实现产品经济价值和社会生态价值最大化	GE、葛兰素史克、蘑菇物联
柔性化定制	应对大规模定制需求而产生的新型生产模式，既可以定制数量柔性，又可以定制产品个性化	索菲亚、衣邦人
共享生产平台	以产能分享为特征的两业融合新模式，是共享经济在生产制造领域的应用创新，本质是制造企业将生产能力分享出来，提供"租赁"服务的一种生产组织形态	硬蛋科技、Mould Lao众创空间
总集成总承包	除为用户提供主营业务的核心产品之外，能够利用主营核心产品的强大嵌入性，组织外部资源（包括基础、厂房、外围设施建设）并加以集成为用户提供"交钥匙工程"或集成相关的制造业务，实现与主营制造业务的联动，为用户提供装备成套性的服务（包括系统设计、系统设备提供、系统安装调试）	IBM、GE

3.3 发达国家制造业与知识密集型服务业融合发展的经验分析

从现代经济增长的方式和过程来看，政府提供的政策和服务无疑是推动经济增长的重要影响因素。制造业和服务业融合发展，是发达国家推进产业转型升级、抢占全球价值链制高点的重要路径。归纳起来，发达国家在促进制造业与知识密集型服务业融合方面，有以下一些政策经验值得我们借鉴。

3.3.1 积极推动制造业向服务化发展

发达国家和地区积极推动产业融合互动，实施知识密集型服务业和先进制造业"双轮驱动"，重点发展高技术产业等融合性产业。发达国家和地区充分利用先进制造业的规模化和专业化优势，集中剥离原先依附于生产制造过程的服务环节，促进高端服务业态加速向现代制造业生产前期的研发、设计，中期的管理、融资和后期的物流、销售等全过程渗透，在推进先进制造业提升现代化、专业化生产水平的同时，也为现代物流、研发设计等生产性服务业态发展壮大提供了广阔空间。如日本 2006 年颁布"新经济成长战略"，提出服务业与制造业"双引擎"推动经济可持续发展，成功通过发展通信产业带动信息服务业，继而带动相关信息设备制造业的发展。2008 年金融危机后，美国政府认识到过度依赖以金融业为代表的虚拟经济，导致本国的研发和制造能力持续下降，高端制造业领先优势逐步丧失，开始重新重视制造业，实行再工业化政策，其主要政策取向就是更加注重科研设计与知识产权，推动制造业服务化转型，重塑国家竞争优势和获得新一轮技术革命主导权。2010 年以来，随着制造业与服务业融合发展走向深入，美国开始将知识密集型服务业和高技术制造业整合在一起进行分析。2010 年美国国家科学委员会发布的《科学与工程指标》报告首次明确提出了知识技术密集型产业（KTI）的概念，并将其作为一个新的产业分类沿用至今。知识技术密集型产业约占美国国内生产总值的 1/10（最新的 2022 年数据为 11%），是美国的重要支柱产业。2002～2022 年，知识密集型服务业占美国知识技术密集型产业的份额从约 1/3 增加到了 45%，同期知识技术密集型制造业的份额则从 2/3 以上下降到了 55%，呈现出明显的制造业服务化特征。2012 年，美国政府发布了《先进制造业国家战略计划》（*National Strategy for Advanced Manufacturing*）旨在通过政府力量，汇聚美国产业界、高校、科研机构和其他利益相关者等集体智慧来识别发展机遇和促进先进制造技术创新。该计划提出的未来优先关注技术方向包含智能与数字制造、先进工艺机器人、人工智能基础设施、制造业网络安全，并提出了强化中小型制造商在先进制造业中的作用、鼓励制造业创新的生态系统、加强国防制造业基础以及加强农村社区先进制造业等 4 个方面的行动目标。不难看出，美国制造业的"顶层战略设计"强调多部门组织成员协同合作,注重知识密集型服务在制造业生态系统和供应链中的广泛应用,从而促进美国保持持续的竞争优势。

3.3.2 对知识密集型服务业给予更多资金支持

资金支持是知识密集型服务业发展的重要推动力,发达国家之所以能够在高端制造业保持长期领先优势,大量的研发投入和资金支持功不可没。以美国为例,根据经济合作与发展组织(OECD)的统计数据,美国2021年研发总支出为8060亿美元,是全球研发投入最多的国家。2021年,美国将其研发总支出的15%(1190亿美元)用于基础研究,18%(1460亿美元)用于应用研究,67%(5400亿美元)用于实验开发,从绝对值来看,美国在基础研究上的支出远远超过任何其他经济体。美国的研发资金大部分来自商业部门,占全部研发资金的75%。美国商业部门提供的研发资金专注于商品、服务和流程的改进,完成了91%的实验开发和62%的应用研究。从研发资金投向的主要行业来看,化学品制造(包括制药和医药)、计算机和电子产品、运输设备、科学技术服务、信息服务等知识密集型产业占据了绝大部分。此外,美国还拥有成熟的风险投资市场,为初创企业和高科技公司提供资金支持,促进了创新企业的成长和扩张。

3.3.3 借助数字平台助力服务业与制造业融合

随着信息技术的不断发展,发达国家的传统企业逐步向平台型企业转变,借助大数据、云计算、工业互联网等现代信息技术,发达国家的传统业务从线下开始扩展到线上。通过实施数字化智能化转型战略,发达国家利用自身的资本优势、技术优势不断完善数字商业生态系统,有力地推动了知识密集型服务业与制造业的深度融合,培育出成新的业态。例如,德国政府充分适应新一代信息技术快速发展和个性化需求增多的趋势,以发展信息物理系统（CPS）为主要途径，推动工业互联网、工业云、移动O2O等新型生产组织方式的发展，全面提高制造业生产、流通过程中产品和用户数据的感知、传输、交互和智能分析的能力，为制造业智能化柔性化转变提供技术支撑。2015年，德国国家科学与工程院发布《智能服务世界》报告，提出"智能服务是智能产品、实体服务和数字化服务相结合的服务组合"，明确了通过数字平台链接机器、系统、工厂等物理设备设施，打造全新制造模式的路径。德国联邦经济与能源部推动实施《德国数字化战略2025》，聚焦智能制造后端——智能服务，支持制造企业由以产品为中心向以用户为中心转变，建立以数据驱动的商业模式，提供精确化、个性化的智能服务。德国政府还全力实施了"智能服务世界实施平台"项目，支持移动、机械、工厂、贸易、物流、医疗、能源及消费等领域智能制造和服务的发展。

3.3.4　根据资源禀赋选择不同的集聚化发展道路

发达国家和地区注重发挥产业集聚的规模效应，有效结合区位特点、产业基础、制度体系等资源条件，形成各具特色的集聚化发展模式。以大都市为例，具有典型意义的，一类是以纽约、香港等为代表的替代式发展模式，现代高端服务业态在集中发展过程中，逐步取代传统制造业成为经济主导。纽约历史上以轻工业为主，以信息、金融、专业技术为基础的现代高端服务业态在第二次世界大战后迅速崛起，逐步取代制造业而成为纽约经济的主要支撑；香港由于自身资源相对缺乏，在转移附加值较低的制造业后，主要发展金融、现代物流、服务贸易等高端产业。另一类是东京、新加坡等为代表的共生式发展模式，现代高端服务业态以工业化成果为基础，围绕传统工业转型升级需求布局发展各类业态集群。东京是日本最大工业城市，为实现精益生产、推动制造升级，集中发展了大批高附加价值、与制造业紧密结合的生产性服务业；新加坡20世纪80年代确立制造业和服务业并重、优先发展服务业的发展战略，在推动制造业快速发展的同时，形成了具有国际优势的金融、现代物流等服务业态。

3.3.5 通过政策与服务优化产业发展环境

发达国家和地区发展不同服务业态的政策力度并不一致，但在重点产业引导、基本公共服务等政策保障方面存在相当程度的共通性。在产业定位方面，通过行业立法、产业规划等直接或间接措施，重点发展知识密集型、科技智能型等服务业态。例如，日本1995年出台《科学技术基本法》，提出"科学技术创造立国"的发展战略，重资扶持信息服务等重点产业，2012年又推出《日本再生战略》，鼓励发展智能社区、大数据市场等；德国2011年颁布《信息与通信技术战略：2015数字化德国》，重点促进物联网、网络服务、云计算、3D技术等开发和应用。在财税金融支持方面，实施税收优惠、贷款优惠、财政补贴与担保、设立产业与信用基金等。例如，法国2008年颁布《研发开发经费税收抵免制度》，规定有效研发支出在1亿欧元以内的，可在应纳税款中抵免30%，剩余超过部分抵免5%。在平台搭建方面，重点加强共性技术、信息咨询等公共服务平台，例如，美国以各大联邦实验室为载体，普遍开展政府与民间组织合作研究，将政府主导或拥有的技术成果向社会与市场转移，还围绕科技创新、信息服务等发展需求，构建了国家技术服务中心等大型公共服务平台和一批由政府部门、社会技术服务机构等共同组成的多元化、开放型技术服务平台。

3.3.6 注重人才培养和引进

知识密集型服务业高度依赖高素质人力资本，其生产资源就是人才。员工的素质决定了服务的质量和水准。因此，发达国家普遍注重人才的教育和培养知识密集型服务业所需的高知识、高素质优秀人才。例如，日本从 2002 年 6 月开始实施大量培养科技人才的国家战略，主要包括"240 万科技人才开发综合推进计划""21 世纪卓越研究基地计划"等，着力培养信息技术、环境开发等创新型和应用型高端服务人才；德国的职业教育体系与企业紧密合作，为知识密集型服务业培养了大量的技术型和专业型人才，在加强职业教育的同时，德国大幅放宽人才移民政策，21 世纪初开始实施的"绿卡工程"，将允许多达 2 万名非欧盟国家的外国专业人员入德工作；美国在拜登执政后迅速出台了在科学、技术、工程和数学（STEM）领域吸引海外人才的政策，将 22 个研究领域中学生和交换访问者计划（SEVP）纳入可选实践培训（OPT）计划，并于 2022 年制定了《在发现与创新、STEM 人才开发与研究收益交付方面领先世界》，规划了在最近十个财年中培养 STEM 人才的战略路径。

第 4 章

我国制造业和知识密集型服务业的发展现状

改革开放以来，我国制造业持续快速发展，已经建成了门类齐全、独立完整的产业体系，有力推动了我国的工业化和现代化进程，使我国成为制造业大国，在全球产业链中占据了重要地位。统计数据表明，自 2010 年以来，我国制造业增加值已经连续 13 年位居世界第一，占全球制造业比重接近 30%。与此同时，在政策、技术等因素的推动下，我国制造业和知识密集型服务业的结合日益紧密，制造业越来越呈现出向数字化、智能化转型的趋势，生产型制造更多地转向服务型制造。为了更好地分析我国制造业与知识密集型服务业的产业融合，本章以《中国统计年鉴》《中国工业统计年鉴》《中国科技统计年鉴》等相关统计数据和研究报告为主要基础，对我国制造业和知识密集型服务业的发展现状进行研究分析。

4.1 我国制造业发展现状

自 2010 年开始，我国连续保持世界制造业第一大国的地位，在 500 种主要工业产品中，我国有 40% 以上产品的产量居世界第一。我国制造业中低端产品在全球具备较强的竞争力，并正在加速向高端迈进。近年来，我国新能源汽车、新能源装备等一批新兴产业取得了率先发展的优势，出口规模和国际竞争力都提升得很快。总体上看，我国制造业正处在一个转型升级、体系重塑、由大变强的关键阶段。图4-1是我国制造业2012~2021年增加值及其占GDP比重变化情况。

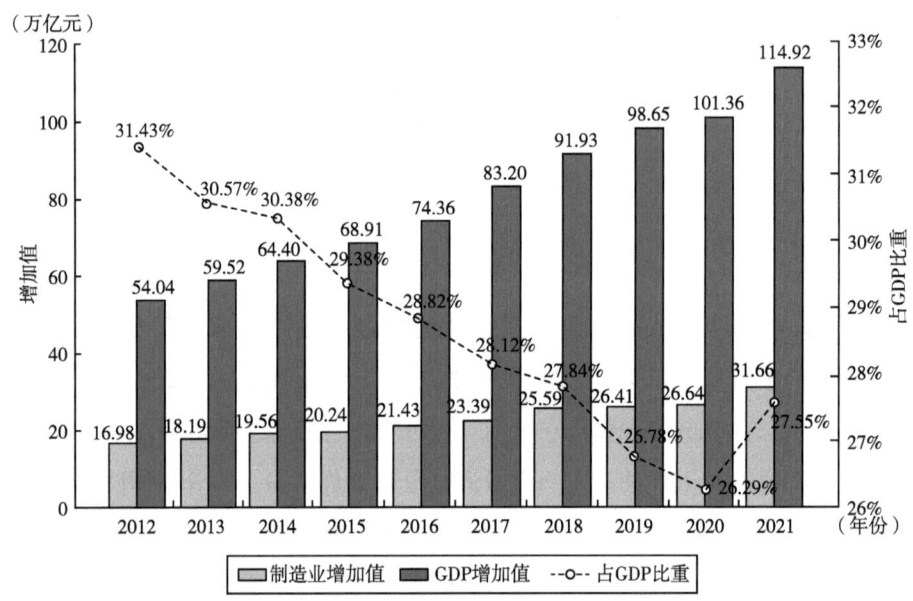

图4-1　2012~2021年我国制造业增加值及其占GDP比重

资料来源：《中国统计年鉴》。

从图4-1可以看出，2012~2021年我国制造业增加值逐年增加，由2012年的16.98万亿元增长到2021年的31.66万亿元。同时，由于产业结构的升级，制造业增加值在GDP构成中占比逐年降低，由2012年的31.43%降至2020年的26.29%（2021年由于疫情原因，这一比值达到27.55%）。

分行业来看，高技术制造业、装备制造业占规模以上工业增加值比重分别从2012年的9.4%和28%提高到2022年的15.5%和31.8%。2022年全年规模以上工业中，高技术制造业增加值比上年增长7.4%，占规模以上工业增加值的比重为15.5%。全年规模以上工业中，农副食品加工业增加值比上年增长0.7%，纺织业下降2.7%，化学原料和化学制品制造业增长6.6%，非金属矿物制品业下降1.5%，黑色金属冶炼和压延加工业增长1.2%，通用设备制造业下降1.2%，专用设备制造业增长3.6%，汽车制造业增长6.3%，电气机械和器材制造业增长11.9%，计算机、通信和其他电子设备制造业增长7.6%。全年规模以上工业企业利润84039亿元，比上年下降4.0%。总的来看，由于新技术、新材料、新装备、新工艺广泛应用，我国制造业产业结构正在加快升级。

为进一步分析制造业发展现状和趋势，根据经济合作与发展组织（OECD）对制造业技术分类法并结合我国投入产出的统计分类标准，我们将制造业分为低技术制造业、中等技术制造业和高技术制造业。其中，低技术制造业包括食品加工、烟草、纺织、皮革、制鞋、木材、纸张印刷等文教用品及其他制造业；中等技术制造业包括橡胶及塑料产品、焦炭、精制石油产品和核燃料，以及其他非金属矿产品、除医药之外的化学品、金属冶炼加工和金属制品业；高技术制造业包括通用设备、专用设备、医药、交通运输设备、电气机械和器材、通信设备、计算机和其他电子设备及仪表仪器。

4.1.1 我国制造业区域结构

主营业务收入体现了行业核心竞争力，通常具有稳定性、持续性和可预测性，因此，我们以主营业务收入为主要数据指标，分析我国不同地区低、中、高技术制造业的发展现状及发展趋势，以为不同区域制造业发展提供针对性政策建议。

如表4-1所示，2002~2021年，中国东部、中部、西部地区的规模以上工业企业在不同技术层次方面的主营业务收入均有显著增长。分地区来看，东部地区三个技术层次的主营业务收入分别增长了7.1倍，11.8倍和8.6倍；中部地区三个技术层次的主营业务收入分别增长了14.2倍，13.2倍和14.4倍；西部地区三个技术层次的主营业务收入分别增长了11.8倍，

21.7倍和18倍。可以看到,中西部地区制造业的增速明显快于东部地区,这主要源于两方面原因:一是中西部地区起点水平较低,二是东部地区产业结构升级更为明显,服务业增加值所占比重日益提高。据此我们认为,过去20年我国制造业正在逐步完成联动调整,中低技术制造业逐步由东部向中西部地区转移,东部地区则更多地侧重于高技术制造业和服务业的增长。

表4-1 2002~2021年东部、中部、西部地区规模以上工业企业主营业务收入

单位:万亿元

年份	低技术制造业			中技术制造业			高技术制造业		
	东部	中部	西部	东部	中部	西部	东部	中部	西部
2002	1.25	0.33	0.27	2.01	0.91	0.36	2.06	0.34	0.13
2011	8.10	3.44	2.08	16.54	8.87	4.03	17.10	3.46	1.33
2021	11.43	5.35	3.73	27.67	13.84	8.53	21.93	5.56	2.60

资料来源:《中国工业统计年鉴》。

需要指出的是,东部地区在技术和资本积累方面较为领先,尤其是在高技术制造业领域。随着2021年"十四五"规划的提出和实施,国家继续加大对高技术制造业的支持力度,进一步强调了对数字经济和绿色经济等新兴产业的支持,这些持续推动了东部地区高技术制造业的增长。

综上所述,2002~2021年中国各区域在不同技术水平的制造业领域均实现了显著的经济增长,尤其是东部地区在高技术制造业领域的增长最为显著,体现了中国产业结构升级和区域经济发展不平衡的特点。考虑到中国制造业的整体转型升级趋势,低技术制造业可能面临更多挑战,如环保要求提高、劳动力成本上升等。同时,技术创新和产业升级可能会逐渐改变低技术制造业的面貌。在我国积极推动产业升级和技术革新的整体战略下,我国制造业产业结构正在向更高技术等级转变。未来,随着中国经济结构的调整和产业升级,低技术制造业可能需要通过技术创新、提高效率和产品质量来维持竞争力。

4.1.2 我国制造业投资结构

固定资产投资是经济增长的直接动力,制造业产业结构的优化升级与投资规模的大小存在着密切的联系。合理的制造业投资规模和结构,良好的投资效益,对于扩大内需,调整产业结构,拉动经济增长,有着重要作用。表4-2是2012~2021年我国制造业固定资产投资变化情况。

表4-2　　2012~2021年我国制造业固定资产投资变化情况　　单位:万亿元,%

年份	2012	2013	2014	2015	2016	2017	2018	2019	2020	2021
投资数额	12.46	14.77	16.70	18.04	18.80	19.37	21.21	21.87	22.35	25.37
增速	17.6	18.5	13.1	8.0	4.2	3.0	9.5	3.1	2.2	13.5
比重	44.24	44.86	44.70	44.45	43.28	41.99	43.42	42.59	42.39	45.89

注:增速是指与上年同比增速,比重是指制造业投资占全社会固定资产投资比重。
资料来源:《中国统计年鉴》。

数据表明,我国制造业固定资产投资规模从2012年的12.46万亿元增长到2021年的25.37万亿元,10年间增长了1倍还多。从投资增速看,2014年以前,我国制造业投资增速保持在两位数以上,2015年以后,我国制造业投资增速逐步趋缓,年均增速基本维持在个位数,我们推测这与2015年开始的供给侧结构性改革有关,经济增长开始更多地侧重于经济质量的增长,而不仅仅是经济规模的增长。实际上,2015年以来,我国经济进入了一个新阶段,主要经济指标之间的联动性出现背离,经济增长持续下行与CPI持续低位运行,居民收入有所增加而企业利润率下降,消费上升而投资下降。简言之,中国经济的结构性分化趋于明显。为适应这种变化中央提出了供给侧结构性改革,就是用增量改革促存量调整,在增加投资过程中优化投资结构、产业结构,增强我国经济长期稳定发展的新动力。从制造业投资占全社会固定资产投资比重来看,2012~2021年这一比重比较稳定,基本在42%~45%,结合制造业增加值在GDP构成中占比逐年降低的情况,我们认为制造业投资总体上对经济的拉动作用正在减弱。

分行业来看，传统制造业、中低技术制造业的投资增速没有表现出明显规律，大体上2018年以前与房地产关联度较高的传统制造业，投资增速较快，2018年以后，随着房地产景气度的下降，与之相关的传统制造业投资增速也逐步趋缓，投资增长较快的传统制造业回归劳动密集型的优势行业。以2022年为例，传统制造业中投资增速最高的前三个行业分别是：酒、饮料和精制茶制造业投资增长27.2%，纺织服装、服饰业投资增长25.3%，化学纤维制造业投资增长21.4%。与此同时，我们注意到高技术制造业投资近几年一直保持较高增速，年增速显著高于制造业整体投资增速。以2022年为例，高技术制造业投资同比增长22.2%（同期制造业整体投资增速为9.1%），增速与上年持平，投资增速靠前的高技术制造业行业有：电气机械和器材制造业投资增长42.6%，医疗仪器设备及仪器仪表制造业投资增长27.6%，电子及通信设备制造业投资增长27.2%，计算机及办公设备制造业投资增长12.8%。

4.1.3　我国制造业就业结构

从就业结构上看，我国制造业的就业结构依然以劳动密集型为主。制造业是我国经济的重要支柱产业，其就业行业分布广泛，涵盖了机械、电子、化工、建材、纺织等多个行业。其中，电子、汽车、化工、机械等行业是制造业中的重要组成部分，其就业人数占比较高。

从制造业的就业人员数变化来看，2002~2021年，整体上呈现了先增长后下降的趋势。其中，2005~2012年，制造业的就业人员数持续增长，这可能与中国经济的快速增长和制造业的扩张有关。然而，从2013年开始，制造业的就业人员数出现了下降态势，这应该与产业结构的调整、自动化水平的提高以及劳动力成本的增加有关。从地区分布来看，东部沿海地区制造业的就业人数较多，而中西部地区的制造业就业人数较少。其中，东部地区的制造业就业人数自2008年以来整体呈现下降趋势，这可能与该地区经济结构的转型有关,即从劳动密集型制造业向技术和服务导向型产业转移。这种转变可能是由于劳动力成本上升和环境保护要求增加,促使企业通过自动化和技术升级来提高效率。中部地区的制造业就业人数2008~2021年有所波动,但整体趋于稳定。这可能反映了中部地区在承接东部地区产业转移的过程中,逐渐发展成为新的制造业基地,同时也在逐步推动产业升级和技术创新。西部地区的制造业就业人数2008~2021年呈现出增长趋势,这可能与国家西部大开发战略的实施有关,该战略通过政策支持和基础设施建设促进了西部地区的经济发展和产业集聚。

2002~2021年,东部地区在低技术、中技术、高技术制造业的从业人数均普遍高于中部地区和西部地区,呈现出东部地区在工业发展上的领先地位。从时间趋势上看,三个地区的从业人数2002~2013年总体呈上升趋势,其中2013年达到峰值,之后开始逐渐下降。无论是中、低还是高技术制造业,东部地区的从业人数普遍早于中西部地区达到峰值,并随后进入下降趋势。这与东部地区更早地经历了工业化过程,并开始进入后工业化阶段有一定关系,其中劳动密集型产业逐渐向中西部地区转移。随着经济的发展,东部地区通过技术创新和产业结构调整,逐步从中低端制造向高端制造和服务业转型;同时,东部地区的劳动力成本增加,导致低技术制造业向成本较低的中西部地区转移;此外,在国家推动区域协调发展战略指导下,鼓励产业向中西部地区转移,促进了中西部地区的工业发展(见表4-3)。

表4-3 2002~2021年东部、中部、西部地区规模以上工业企业从业人数　　单位:万人

年份	低技术制造业			中技术制造业			高技术制造业		
	东部	中部	西部	东部	中部	西部	东部	中部	西部
2002	599.79	240.11	155.01	698.65	449.06	252.24	568.54	144.64	86.62
2003	633.16	231.11	158.23	720.15	451.31	257.96	868.64	195.33	112.14
2004	1262.72	259.92	167.24	901.17	498.73	271.19	1146.65	204.47	112.67
2005	1104.24	267.37	165.26	865.53	485.21	275.43	1251.5	205.05	111.66
2006	1177.17	274.85	502.87	926.91	497.45	279.58	1399.21	212.15	112.75
2007	1238.26	293.4	185.14	996.17	526.84	292.69	1575.88	234.37	120.63

续表

年份	低技术制造业			中技术制造业			高技术制造业		
	东部	中部	西部	东部	中部	西部	东部	中部	西部
2008	1348.06	334.19	203.07	1113.02	616.49	315.85	1826.71	279.14	133.24
2009	1307.99	358.24	212.6	1099.21	618.32	327.06	1795.26	311.59	139.86
2010	1342.43	393.42	234.93	1161.05	678.69	360.54	2038.95	355.35	163.71
2011	1187.16	409.26	237.11	1086.97	666.02	361.66	1991.53	392.59	173.4
2013	1664.43	608.74	313.28	1482.79	849.62	424.93	1749.96	336.65	138.12
2014	1661.86	650.46	337.28	1484.15	871.21	434.95	1763.81	367.62	151.32
2015	1600.56	666.95	324.23	1441.58	867.59	413.66	1723.99	380.67	147.94
2016	1512.08	666.85	325.97	1375.81	850.3	396.71	1660.03	384.28	148.56
2018	1219.3	587.38	264.5	1183.27	680.57	339.66	1552.57	365.79	147.83
2019	1134.64	529.2	252.24	1144.48	641.33	335.11	1503.36	363.53	143.71
2020	1046.22	462.63	241.47	1120.28	628.04	334.47	1540.24	374.2	152.68
2021	1048.4	442.42	249.67	1175.79	640.19	342.74	1619.89	396.43	158.4

资料来源:《中国工业统计年鉴》。

综上所述,随着产业结构的转型升级,我国制造业的就业结构也将发生变化:(1)自动化和数字化将逐步替代部分劳动力。随着智能制造技术的不断发展,制造业的自动化和数字化水平将不断提高,这将逐步替代部分劳动力,尤其是低技能的蓝领工人。(2)产业升级将带动就业结构变化。随着产业结构的升级,高附加值产业的发展将带动就业结构的优化,技术和管理人才的需求将逐渐增加,从而改变目前的就业结构;东部地区在工业发展上占据主导地位,但随着时间的推移,中部地区和西部地区的从业人数逐渐增加,呈现出工业发展逐渐向中西部地区转移的趋势。随着时间的推移,东部地区的工业结构正在升级,逐步从劳动密集型的低技术制造业向技术和资本密集型的高技术制造业转移。而中西部地区虽然起步较晚,但也呈现出了类似的转型趋势,即先发展低技术制造业,随后逐步发展中技术制造业和高技术制造业。(3)区域发展不平衡的状况将得到改善。随着国家对中西部地区的支持力度加大,中西部地区的制造业发展将得到加快,从而改善区域发展不平衡的状况,缓解东部地区的就业压力。

4.2 我国知识密集型服务业发展现状

由于现有的统计年鉴没有对知识密集型服务业进行专门的划分，我们根据知识密集型服务业的概念界定，并结合投入产出表的统计分类，将本书研究的知识密集型服务业主要划分为信息传输、软件和信息技术服务业，金融业，租赁和商务服务业，科学研究和技术服务业，因此以下内容将主要围绕这些行业进行讨论分析。图4-2是我国知识密集型服务业2012～2021年增加值及其占GDP比重变化情况。

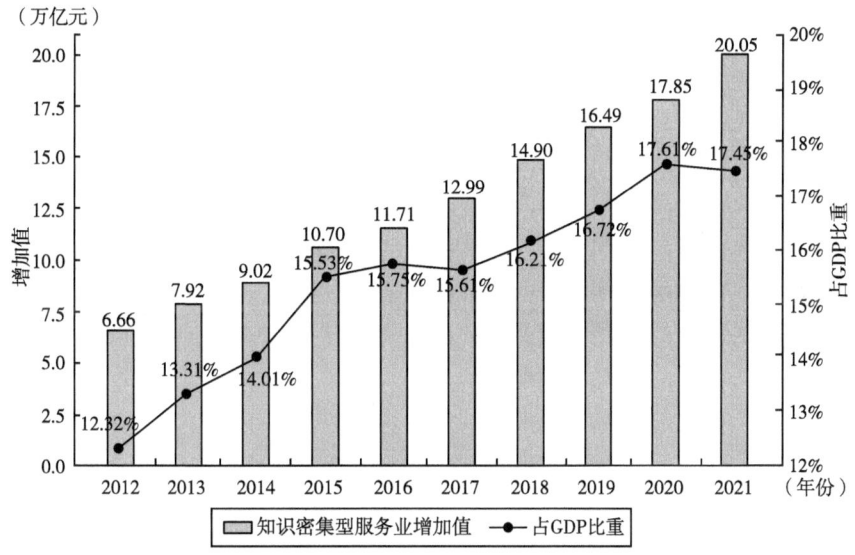

图4-2　2012～2021年我国知识密集型服务业增加值及其占GDP比重

资料来源：《中国统计年鉴》。

从图4-2可以看出，2012～2021年我国知识密集型服务业增加值逐年增加，由2012年的6.66万亿元增长到2021年的20.05万亿元。同时，知识密集型服务业增加值占GDP比重也在逐年上升，由2012年的12.32%上升至2021年的17.45%，表明知识密集型服务业对我国经济增长发挥的作用越来越大,国民经济对知识密集型服务业的依存度日益提高。

分行业来看,金融业在知识密集型服务业中占比最高,2021年金融业增加值占知识密集型服务业比重为45.04%,其次是信息传输、软件和信息技术服务业,占比为22.20%,租赁和商务服务业占比为18.71%,科学研究业占比为14.07%。与2012年相比,信息传输、软件和信息技术服务业在知识密集型服务业中比重提升较快,占比上升了4.48%,租赁和商务服务业占比上升了1.89%,科学研究业占比上升了1.39%,金融业占知识密集型服务业比重则下降了7.82%(见图4-3)。这些变化表明,随着经济的不断发

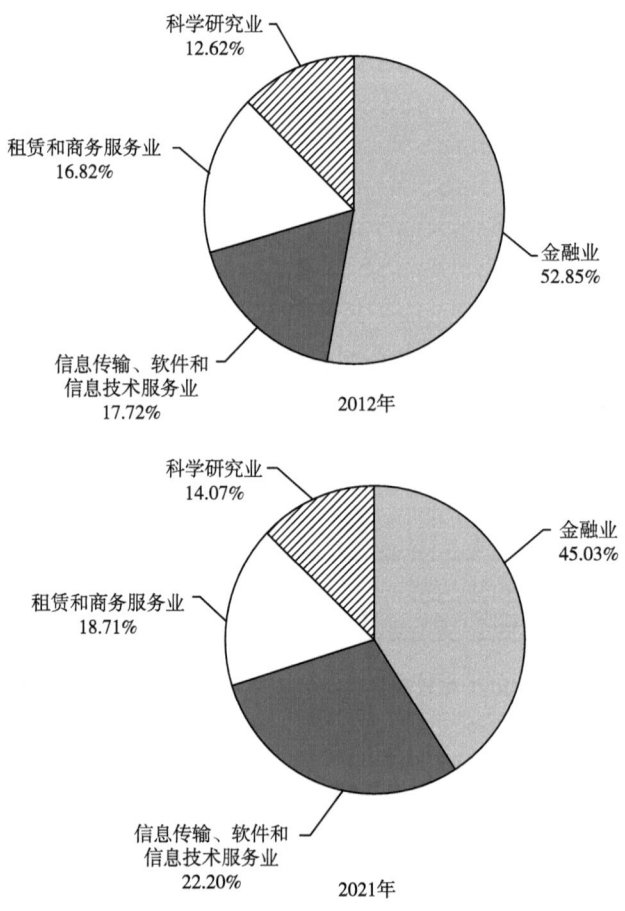

图4-3 2012年与2021年不同行业占知识密集型服务业增加值比重变化

展和产业结构的调整,制造业越来越呈现出高智力增值和省力化技术进步,因此与知识密集型服务业的融合日益加深,极大地推动了以信息传输、软件和信息技术服务业为代表的高技术知识密集型服务业的发展。

4.2.1 我国知识密集型服务业行业与区域结构

改革开放40多年来,特别是最近20年,我国服务业正逐步从传统的服务业向现代服务业转变,金融、信息、文化创意、科技服务等新兴服务业得到快速发展,对经济增长的贡献越来越大。从行业内部来看,我国服务业竞争格局呈现出多元化、激烈化的特点。在各类生产性服务业中,金融业、信息技术服务业、电子商务服务业等新兴服务业的发展速度较快,市场竞争力逐渐增强,而一些诸如零售、运输、仓储等传统服务业则面临着较大的转型升级压力。此外,我国服务业行业竞争格局还呈现出一定程度的优胜劣汰。一方面,大型企业凭借其技术优势、品牌优势和管理优势,在市场竞争中占据主导地位;另一方面,中小企业在市场竞争中也发挥着重要作用,特别是在一些新兴产业和技术密集型领域,中小企业的创新能力和灵活性具有较大的竞争优势。2020年,我国服务业的产值为53.1万亿元,同比增长7.0%;增加值为13.6万亿元,同比增长7.2%。在市场份额方面,2020年,我国服务业在全球服务业中的市场份额为18.2%。

表4-4是2012~2022年我国知识密集型服务业法人单位数变动情况,可以看出,2012~2022年我国知识密集型服务业的企业数量增长较快,尤其是科学研究和技术服务业,信息传输、软件和信息技术服务业这两大类行业,两者增长幅度分别达到了650.67%和611.17%。相对于知识密集型服务业企业数量的大幅增加,其固定资产投资规模(见表4-4)增幅明显滞后,这意味着新增知识密集型服务业企业多为轻资产型企业。分行业分地区来看:

表4-4　2012~2022年我国知识密集型服务业法人单位数变动情况　　单位：个

年份 \ 行业	金融业	信息传输、软件和信息技术服务业	租赁和商务服务业	科学研究和技术服务业	合计
2012	67554	245669	813851	324932	1451736
2022	159901	1747117	4432416	2439143	8778577
增长幅度	136.71%	611.17%	444.63%	650.67%	504.70%

资料来源：《中国统计年鉴》。

（1）金融业。

2012~2022年东部、中部、西部地区金融业法人单位数均普遍增长，反映了随着中国中国经济发展，各地区均对金融服务有较多需求，金融市场的深化和金融产品的多样化，以及金融市场对实体经济服务能力的提升。展望未来，随着经济结构的调整和金融市场的完善，金融业有望继续保持健康稳定的发展态势。同时，金融业的创新和科技应用将成为推动行业发展的关键因素。金融业上市公司的数量和质量有望继续提升。

（2）信息传输、软件和信息技术服务业。

2012~2022年东部地区的信息传输、软件和信息技术服务业的法人单位数显著增长，尤其是在广东、北京等地，这表明这些地区在信息技术和互联网产业的领先地位。中部和西部地区信息传输、软件和信息技术服务业的法人单位数也呈现增长趋势，但增长速度较东部地区慢，这可能与地区经济发展水平和基础设施建设有关。未来，随着5G、云计算和大数据等新技术的发展，这一行业的增长潜力依然巨大。

（3）租赁和商务服务业。

东部地区的租赁和商务服务业法人单位数在2012~2022年增长迅速，这可能与经济发展和企业服务需求的增加有关。江苏和广东等地的增长尤为突出，反映了这些地区经济活力和商业活动的繁荣。预计未来这一行业将继续保持增长，特别是在法律、咨询和市场研究等领域。中部地区和西部地区租赁和商务服务业的法人单位数也有所增长，但增长幅度相对较小。

（4）科学研究和技术服务业。

2012~2022年，中国各省份的科学研究和技术服务业法人单位数普遍呈现出显著的增长趋势。东部地区科学研究和技术服务业法人单位数在2012~2022年呈现稳定增长，尤其是在北京和上海等科技创新能力强的城市，以北京为例，从2012年的38136个单位增长到2022年的318636个单位，增长率达到了735.53%。天津、河北、山西等地区的增长率也非常高，显示出科学研究和技术服务业在中国的快速发展。这可能与这些地区的科研实力和政策支持有关。未来，随着创新驱动发展战略的深入实施，这一行业有望继续获得发展动力。中部地区和西部地区科学研究和技术服务业法人单位数增长相对较慢，但仍然呈现上升趋势。

4.2.2 我国知识密集型服务业投资结构

2012年以来，我国知识密集型服务业固定资产投资规模从2012年的10792.1亿元增长到2021年的39673.1亿元，增长幅度为267.62%，增长幅度和增长速度均高于全社会固定资产投资（见表4-5）。分行业来看，除了金融业，其余行业的投资规模基本逐年增长，金融业的投资规模在2015年以前也是逐年增长，2015年以后则大体表现为逐年下降，我们分析这与2015年以后我国为防范和化解金融风险，积极去杠杆和加强金融监管有关。与此同时，结合2012~2021年知识密集型服务业增加值构成变化情况，可以看出我国知识密集型服务业增加值和投资规模表现出较为明显的正相关，说明过去这些年我国知识密集型服务业增加值更多地是依赖投资拉动。

表4-5　2012~2021年我国知识密集型服务业固定资产投资变化情况　　单位：亿元

年份 \ 行业	信息传输、软件和信息技术服务业	金融业	租赁和商务服务业	科学研究和技术服务业	合计
2012	2692.0	923.9	4700.4	2475.8	10792.1
2013	3084.9	1242.0	5893.2	3133.2	13353.3

续表

年份	行业	信息传输、软件和信息技术服务业	金融业	租赁和商务服务业	科学研究和技术服务业	合计
2014		4110.0	1363.0	7965.2	4219.1	17657.3
2015		5521.9	1367.2	9447.9	4752.0	21089.0
2016		6325.5	1310.2	12341.9	5567.8	25545.4
2017		6997.4	1121.5	13357.1	5932.5	27408.5
2018		7277.3	974.6	15253.8	6739.3	30245.0
2019		7903.1	1076.0	17663.9	7945.6	34588.6
2020		9381.0	932.9	18547.1	8215.8	37076.8
2021		8245.9	950.6	21069.5	9407.1	39673.1

为了进一步评估我国知识密集型服务业的固定资产投资绩效，我们构造投资绩效指数来对我国知识密集型服务业的投资绩效进行评价。该指数的计算公式为：

$$投资绩效指数 = \frac{GDP_S/GDP}{I_S/I}$$

其中，GDP_S 为知识密集型服务业增加值，GDP 为国内生产总值，I_S 为知识密集型服务业固定资产投资，I 为全社会固定资产投资。如果指数大于 1，说明知识密集型服务业投资绩效高于全国经济的平均投资绩效；若指数值小于 1，表明知识密集型服务业投资绩效低于全国经济的平均投资绩效。表 4-6 是 2012~2021 年我国知识密集型服务业固定资产投资的业绩指数。

表 4-6　2012~2021 年我国知识密集型服务业固定资产投资业绩指数

年份	2012	2013	2014	2015	2016	2017	2018	2019	2020	2021
投资业绩指数	3.22	3.28	2.96	2.99	2.68	2.63	2.62	2.48	2.50	2.43

可以看到，知识密集型服务业 2012 年以来各年的投资绩效指数均显著大于 1，整体投资绩效较好。另外，从变动趋势上来看，知识密集型服务

业的投资绩效指数大体上呈现出逐年下降的态势,表明投资对知识密集型服务业的拉动作用在逐年减弱。我们认为这主要是由于我国知识密集型服务业总体上自主创新能力依然不够,加之近年来美欧等发达国家在高科技领域大搞技术封锁、垄断打压,这些都抑制了我国知识密集型服务业对制造业的促进作用。

4.2.3 我国知识密集型服务业就业结构

服务业是我国经济增长的重要推动力,也是吸纳就业的重要"蓄水池",其就业行业分布广泛,涵盖了金融、教育、医疗、餐饮等多个行业,其就业结构也存在一定的差异。同时,服务业的就业人员也存在一定的职业特征,这些特征主要包括高度分散、技术门槛较低和工作环境多样化等。(1)高度分散。服务业的就业人员主要分布在各个行业,就业岗位也相对较为分散。因此,服务业的就业人员需要具备较强的适应能力和灵活性。(2)技术门槛较低。传统服务业的许多岗位对技术门槛的要求较低,因此服务业的就业人员需要具备较强的学习能力和适应能力。(3)工作环境多样化。服务业的就业人员需要适应不同的工作环境,如办公室、门店、工厂、酒店等。因此,服务业的就业人员需要具备较强的适应能力和心理素质。

从2005~2022年的数据来看(见图4-4),制造业与知识密集型服务业的城镇非私营单位就业人员数整体呈上升趋势。制造业作为传统的就业大户,虽然面临一些挑战,如自动化和智能化的推进,但仍然保持了较为稳定的就业人数。这反映了中国经济结构的转型,服务业特别是知识密集型服务业正在成为吸纳就业的重要领域。其中,制造业就业人数从2005年的3210.9万人增长到2022年的3738.4万人,可以看出制造业依然是中国就业的重要领域。同时,信息传输服务业、金融业、租赁和商务服务业、科学研究服务业等知识密集型服务业的就业人数也呈现出稳定增长的趋势,尤其是信息传输服务业,从2005年的130.1万人增长到2022年的529.2万人,可以看出知识密集型服务业在中国的快速发展。

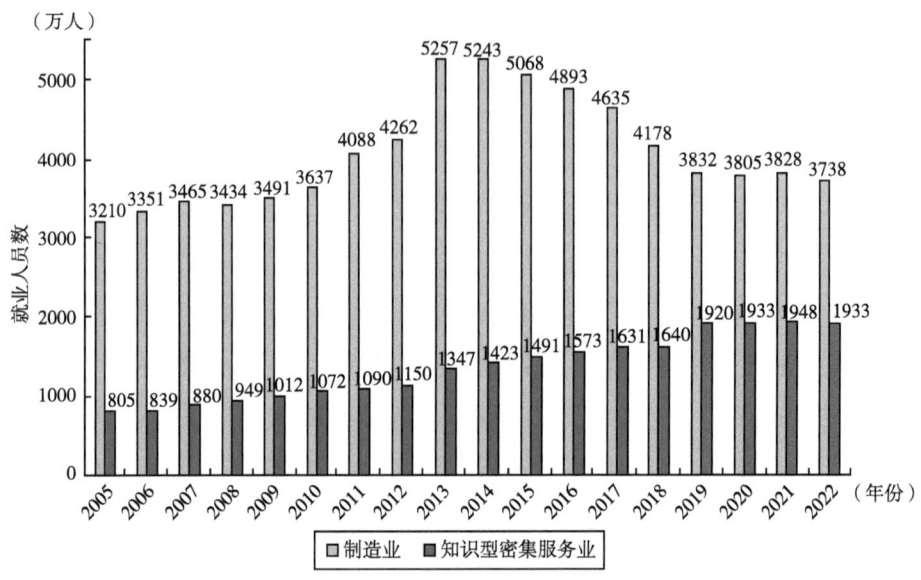

图 4-4　2005~2022 年制造业与知识密集型服务业城镇非私营单位就业人员数柱状图
资料来源:《中国统计年鉴》。

分行业来看(见表4-7),金融业的就业人员数在2005~2022年整体上呈现增长趋势,尤其是在2005~2010年增长较快,这可能反映了中国金融市场的快速发展和对金融专业人才的需求增加。但值得注意的是,从2018年开始,金融业的就业人员数有所下降,这可能与金融科技的发展和行业内部结构调整有关。在信息传输、软件和信息技术服务业方面,可以看到这一领域的就业人员数在2005~2022年持续增长,特别是在2016年之后增长速度加快,这表明随着信息技术的发展和互联网经济的兴起,这一行业成为了吸纳就业的重要领域。租赁和商务服务业的就业人员数也呈现出增长趋势,尤其是在2015~2021年增长较为明显,这可能与服务业在经济中的比重增加以及企业对商务服务需求的增长有关。科学研究和技术服务业的就业人员数在2005~2022年整体上呈现增长趋势,这反映了中国在科技创新和研发方面的投入增加，以及对高技能科研人才的需求增长。

表4-7　2005~2022年我国制造业和知识密集型服务业就业人数　　单位：万人

年份 \ 行业	制造业	信息传输服务业	金融业	租赁和商务服务业	科学研究服务业	知识密集型服务业合计
2005	3210.9	130.1	359.3	218.5	227.7	805.5531
2006	3351.6	138.2	367.4	236.7	235.5	839.5932
2007	3465.4	150.2	389.7	247.2	243.4	880.3284
2008	3434.3	159.5	417.6	274.7	257.0	949.2883
2009	3491.9	173.8	449.0	290.5	272.6	1012.1314
2010	3637.2	185.8	470.1	310.1	292.3	1072.4379
2011	4088.3	212.8	505.3	286.6	298.5	1090.3793
2012	4262.2	222.8	527.8	292.3	330.7	1150.7279
2013	5257.9	327.3	537.9	421.9	387.8	1347.5952
2014	5243.1	336.3	566.3	449.4	408.0	1423.7831
2015	5068.7	349.9	606.2	474.0	410.6	1491.4588
2016	4893.8	364.1	665.2	488.4	419.6	1573.1363
2017	4635.5	395.4	688.8	522.6	420.4	1631.7819
2018	4178.3	424.3	699.3	529.5	411.5	1640.3514
2019	3832.0	455.3	826.1	660.3	434.3	1920.752
2020	3805.5	487.1	859.0	643.6	431.2	1933.816287
2021	3828.0	519.2	818.5	680.3	450.1	1948.9281
2022	3738.4	529.2	739.6	738.3	455.8	1933.6631

资料来源：《中国统计年鉴》。

为了进一步考察我国知识密集型服务业就业结构特征，我们又对我国知识密集型服务业主要行业2012~2021年比较劳动生产率的变化情况进行了比较分析。

比较劳动生产率的计算公式为：比较劳动生产率 = $(G_i/G)/(L_i/L)$
式中，G代表国内生产总值，G_i代表i行业的增加值，L代表全社会总就业人员数量，L_i代表i行业的从业人员数量。

表4-8是根据《中国统计年鉴》计算的2012年与2021年我国知识密

集型服务业的比较劳动生产率。

表4-8　2012年与2021年我国知识密集型服务业的比较劳动生产率

知识密集型服务业		金融业		信息传输、软件和信息技术服务业		租赁和商务服务业		科学研究和技术服务业	
2012	2021	2012	2021	2012	2021	2012	2021	2012	2021
1.63	1.53	1.90	1.63	1.50	1.27	1.09	0.82	0.72	0.92

表4-8的数据显示，知识密集型服务业的比较劳动生产率在过去10年里总体上呈现出下降趋势，由2012年的1.63降至2021年的1.53，表明这一期间，相对于知识密集型服务业增加值的增长，其从业人员数量增长更快，人员投入的边际产出在逐步下降。实际上，过去10年里我国一直面临着较大的就业压力，尤其是最近几年伴随着中美贸易脱钩以及国内经济增长放缓，就业问题日渐突出，大量的受过高等教育的人口也正在变得就业困难，而由于传统就业观念的影响，这些劳动力较多地涌向了知识密集型服务业，造成了知识密集型服务业比较劳动生产率的下降。分行业来看，2021年金融业，信息传输、软件和信息技术服务业的比较劳动生产率仍然大于1，说明其人力资本投入对行业增长仍然具有正向作用；而租赁和商务服务业，科学研究和技术服务业的比较劳动生产率则小于1，表明这两类行业在现有技术水平条件下，已出现了人员冗余。

4.3　与发达国家的对比分析

4.3.1　我国制造业与发达国家的比较分析

根据联合国工业发展组织（UNIDO）发布的《国际工业统计年鉴2023》，2022年全球制造业增加值（MVA）为36.8万亿美元，占全球GDP的16.8%。其中，制造业增加值占比最高的五个国家分别是中国、美国、日本、德国、韩国，它们在全球制造业增加值中的占比分别为 30.7%、16.1%、6.0%、4.8% 和 3.1%。

分行业看，2021 年全球制造业增加值中排名前五位的行业分别为：计算机与电子产品（12.0%）、食品（10.6%）、化学品（8.3%）、机器设备（8.1%）、机动车（7.6%）。其中只有食品属于低技术行业，全球制造业增加值的近 50% 来自高技术行业。

与发达国家相比，中国制造业增加值占 GDP 比重较高，2020 年中国制造业增加值占 GDP 比重为 26%，同期美国这一比重约为 11%，日本也为 11%，制造业强国的德国也仅为 19%。由于这几个国家是制造业增加值全球占比最高的国家，表明中国制造业内部构成仍然是以劳动密集型的中低技术为主，靠的是以量取胜，产品的附加价值较低，制造业以装配加工为主，仍处于全球产业链的中低端。中国工业经济联合会会长、工业信息化部首任部长李毅中曾公开披露："我国工业制造业存在大而不强的问题，关键零部件、关键元器件、关键原材料的自给率只有 1/3"[①]。

从制造业就业情况来看，根据联合国工业发展组织的统计，制造业就业占全球就业比重从 2015 年的 14.2% 降至 2021 年的 13.6%，一方面是由于经济不稳定和新冠疫情影响，另一方面也是工业化过程中制造业就业变化的普遍规律所致。以美国为例，20 世纪 80 年代后，受计算机和网络技术的快速普及等影响，美国制造业就业人数持续下降，从 1979 年的 2061.1 万人下降至 2022 年的 1253.3 万人，下降幅度接近 40%。日本制造业就业人数从 1992 年峰值的 2226.2 万人下降至 2020 年的 1071 万人，下降幅度超过 50%。德国制造业 2020 年就业人数为 826.3 万人，与 1961 年的峰值 1758.7 万人相比，下降了 53%。与这些发达国家相比，中国制造业的就业人数在 2019 年才达到峰值，为 3832 万人，其后逐年下降，2022 年为 3738.4 万人，占全部就业比重为 22.39%，远高于制造业就业占全球就业比重，再次印证了我国制造业仍然是以劳动密集型为主的中低技术制造业。

---

① 转引自《国际新格局下的中国制造：大而不强怎么破?》，载于《经济观察报》2019 年 12 月 29 日。

4.3.2 我国知识密集型服务业与发达国家的比较分析

如果说我国的制造业和发达国家相比,在总量规模上我们是领先的,差距主要体现在质上,那么知识密集型服务业和发达国家相比,则无论是量与质,均存在显著差距。

根据美国国家科学委员会最新发布的《2024年科学与工程指标》报告,2021年,全球知识技术密集型产业合计增加值为10.6万亿美元,其中知识密集型服务业为3.3万亿美元,知识密集型制造业为7.3万亿美元。2012~2021年,知识密集型服务业的全球增加值增长了68%。

图4-5是2012年和2021年中国与部分发达经济体知识密集型服务业增加值的对比,可以看到,中国的知识密集型服务业增加值虽然在2012~2021年稳步增长,但与发达国家相比,仍存在明显差距。2012年美国知识密集型服务业增加值是中国的4倍,2021年大约为3.5倍。2021年,美国在全球知识密集型服务的份额达到39%,欧盟为21%,中国仅约11%。

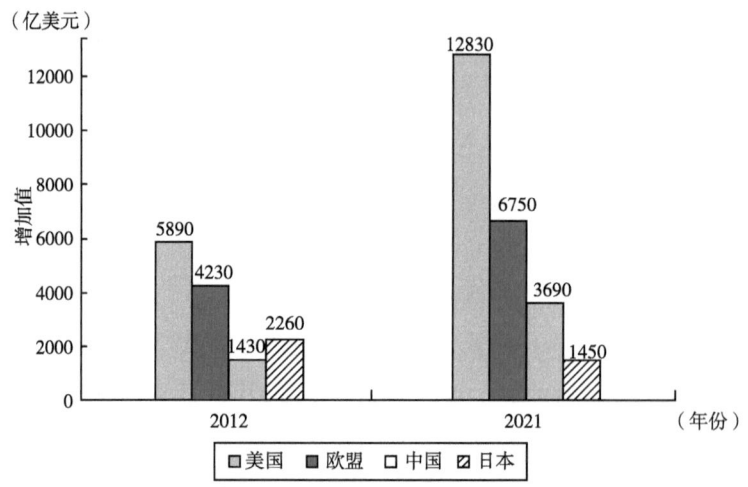

图4-5 2012年和2021年中国与发达经济体知识密集型服务业增加值对比

资料来源:《2024年科学与工程指标》。

从细分行业来看（见表4-9），2022年美国软件业占全球份额为73.3%，信息技术服务业占全球份额为39.2%，科学研发占全球份额为21.8%，金融业占全球份额为52.9%，我国除了科学研发占全球份额与美国接近以外，其余细分行业均与美国存在较大差距。

表4-9　2022年中美知识密集型服务业细分行业的全球份额　　单位：%

	软件业	信息技术服务业	科学研发	金融业
美国	73.3	39.2	21.8	52.9
中国	2.8	10.9	19.4	—

资料来源：美国科学基金会网站（https://ncses.nsf.gov）。

发展知识密集型服务业需要大量的研发支出，根据经合组织（OECD）的统计，我国的研发支出在2000年代中期开始迅速增长，2009年超过日本，2013年超过欧盟。2021年，我国的研发支出为6680亿美元，仅次于美国的8060亿美元，位居世界第二。2011~2021年，中国的研发支出增长了171%，增长幅度显著高于美国（89%）、德国（60%）、法国（44%）和日本（20%）等发达国家。然而，结合同期的中国知识密集型服务业增加值来看，研发投入的投资绩效较差。

随着人工智能、大数据、云计算等新一代信息技术的广泛应用，传统服务业发生了全方位、多角度、全链条的深刻变化，信息技术与金融、传媒、公共服务业的加速融合逐渐成为趋势，推动了服务网络化、智慧化、平台化发展，特别是通过数字信息技术手段，促进了服务业态、商业模式和管理模式的创新。中国信息通信研究院发布的《全球数字经济新图景（2020年）》指出，以德国、英国为代表的国家服务业数字经济渗透率较高，2019年德国服务业数字经济渗透率为60.4%，英国为58.1%，以美国、中国等为代表的多数国家服务业数字经济渗透率明显高于其他行业，属于服务业数字化领先国家。中国服务业数字经济渗透率约为37.8%，高于中高收入国家和发展中国家平均水平，但仍低于世界平均水平以及高收入国家和发达国家平均水平，与美国、英国、德国等国家相比，仍有较大差距。

第5章

我国知识密集型服务业对
制造业的贡献度评测

知识密集型服务业对制造业的贡献度，在一定程度上可以反映出产业结构的优劣。合理衡量知识密集型服务业对制造业的贡献程度和贡献格局，是制定相关产业政策的基础。从资源投入和产出的角度来看，知识密集型服务业嵌入制造业的程度体现在制造业最终产品生产过程中使用的知识密集型服务业的中间投入水平，即知识密集型作为中间投入对制造业最终产值的贡献度。

5.1 研究方法和数据

意大利学者 Daria Ciriaci 在子系统投入产出分析方法（subsystem approach to input-output method）基础上，将劳动变量引入该方法中，计算得出知识密集型服务业的劳动投入对制造业最终产品生产的贡献度，从而反映出知识密集型服务业嵌入制造业的程度。国内学者将劳动变量引入投入产出分析中，测算出知识密集型服务业的劳动投入对制造业最终产品生产的贡献度，精确地反映出知识密集型服务业嵌入制造业的程度（黄丽娟，2016）。因此，本书采用子系统投入产出方法，对我国知识密集型服务业对制造业贡献程度和贡献格局及动态变化进行测算分析。

具体步骤如下：在列昂惕夫逆矩阵基础上建立新的矩阵 B。矩阵中，$\hat{x}$ 是各产业部门总产出的对角矩阵，$\hat{y}$ 是各产业部门最终产品的对角矩阵。

$$B = \hat{x}^{-1}(1-A)^{-1}\hat{y} \qquad (5-1)$$

$$B = \begin{vmatrix} \dfrac{b_{11}}{x_1}y_1 & \dfrac{b_{12}}{x_1}y_2 & \dfrac{b_{1n}}{x_1}y_n \\ \dfrac{b_{21}}{x_2}y_1 & \dfrac{b_{22}}{x_2}y_2 & \dfrac{b_{2n}}{x_n}y_n \\ \dfrac{b_{n1}}{x_n}y_1 & \dfrac{b_{n2}}{x_n}y_2 & \dfrac{b_{nn}}{x_n}y_n \end{vmatrix} \qquad (5-2)$$

在 B 矩阵的左边乘以每个产业部门的劳动投入量的对角矩阵 $\hat{l}$，将劳动变量引入投入产出结构分析中，得到矩阵 $D = \hat{l}B$，其中单位元素 D_{ij} 表示 j 部门最终产品生产所需要的直接和间接的 i 部门的劳动数量，D 矩阵反映的是产业间劳动投入结构。

$$D = \begin{vmatrix} l_1\dfrac{b_{11}}{x_1}y_1 & l_1\dfrac{b_{12}}{x_1}y_2 & \cdots & l_1\dfrac{b_{1n}}{x_1}y_n \\ l_2\dfrac{b_{21}}{x_2}y_1 & l_2\dfrac{b_{22}}{x_2}y_2 & \cdots & l_2\dfrac{b_{2n}}{x_n}y_n \\ \vdots & \vdots & & \vdots \\ l_n\dfrac{b_{n1}}{x_n}y_1 & l_n\dfrac{b_{n2}}{x_n}y_2 & \cdots & l_n\dfrac{b_{nn}}{x_n}y_n \end{vmatrix} \qquad (5-3)$$

令 $C = D(i\hat{D})^{-1}$，得到矩阵 C，i 表示 $1 \times n$ 的单位行向量，$i\hat{D}$ 是向 iD 对角矩阵。

$$C = \begin{vmatrix} \dfrac{l_1 \dfrac{b_{11}}{x_1} y_1}{\sum_{i=1}^{n} l_i \dfrac{b_{i1}}{x_i} y_1} & \dfrac{l_1 \dfrac{b_{12}}{x_1} y_2}{\sum_{i=1}^{n} l_i \dfrac{b_{i2}}{x_i} y_2} & \cdots & \dfrac{l_1 \dfrac{b_{1n}}{x_1} y_n}{\sum_{i=1}^{n} l_i \dfrac{b_{in}}{x_i} y_n} \\ \dfrac{l_2 \dfrac{b_{21}}{x_2} y_1}{\sum_{i=1}^{n} l_i \dfrac{b_{i1}}{x_i} y_1} & \dfrac{l_2 \dfrac{b_{22}}{x_2} y_2}{\sum_{i=1}^{n} l_i \dfrac{b_{i2}}{x_i} y_2} & \cdots & \dfrac{l_2 \dfrac{b_{2n}}{x_2} y_n}{\sum_{i=1}^{n} l_i \dfrac{b_{in}}{x_i} y_n} \\ \vdots & \vdots & & \vdots \\ \dfrac{l_2 \dfrac{b_{n1}}{x_n} y_1}{\sum_{i=1}^{n} l_i \dfrac{b_{i1}}{x_i} y_1} & \dfrac{l_n \dfrac{b_{n2}}{x_2} y_2}{\sum_{i=1}^{n} l_i \dfrac{b_{i2}}{x_i} y_2} & \cdots & \dfrac{l_n \dfrac{b_{nn}}{x_n} y_n}{\sum_{i=1}^{n} l_i \dfrac{b_{in}}{x_i} y_n} \end{vmatrix} \quad (5-4)$$

C 矩阵实际上反映的是每个产业对各产业最终产品的劳动贡献比例关系。为了满足 j 部门的最终产品生产，i 部门的劳动投入占所有部门为了满足 j 部门最终产品生产劳动投入的比重，该值反映了 i 部门的劳动投入对 j 部门最终产出的贡献度，C 矩阵列向量元素的和为 1。为了满足 i 部门的最终产品生产，本部门的直接和间接的劳动投入占所有部门为了满足部门最终产品生产劳动投入的比重，该值越大说明本部门的劳动对本部门最终产品生产的贡献越大，其他部门劳动投入对本部门的贡献越小。

研究中采用的 2007 年、2012 年、2017 年、2020 年投入产出表来源于国家统计局，分行业就业人数的数据来自《中国人口与就业统计年鉴》，并结合全国第六次、第七次人口普查数据和年度城镇行业就业人数，推算出其中缺失的数据。

5.2 知识密集型服务业对制造业总体的贡献

从分析结果来看，知识密集型服务业劳动投入对制造业的贡献率从

2007 年的 5.7259% 上升到 2020 年的 8.5846%（见图 5-1）。随着服务业与制造业的日益紧密融合，我国制造业正逐步迈向服务化转型的新阶段。在此过程中，知识密集型服务业以其高度的知识、技术和人才聚集特性，正逐步加大在制造业生产过程中的投入比例。这些高质量的生产要素注入制造业，不仅有效降低了制造业企业的运营成本，而且极大地推动了技术创新，从而显著提高了对制造业整体发展的贡献度。尽管如此，相较于发达国家，我国知识密集型服务业对制造业的贡献度仍有较大提升空间，其劳动投入对制造业最终产出的影响还需进一步加强。

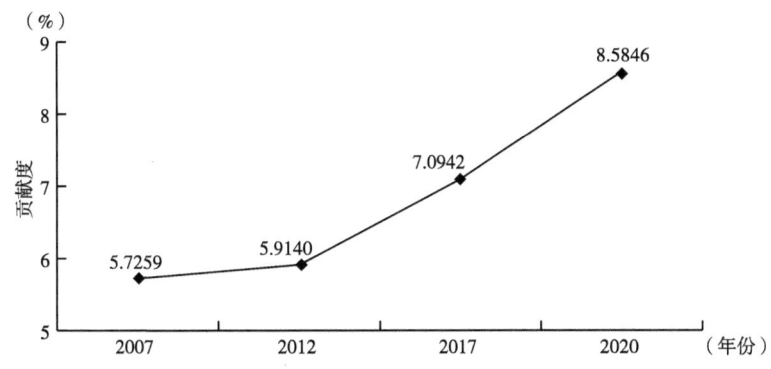

图 5-1　2007~2020 年我国知识密集服务业对制造业总体贡献度

5.2.1　信息传输、计算机服务和软件业对制造业的贡献度

在测度知识密集型服务业对制造业最终产出贡献的基础上，需要进一步了解各类知识密集型服务业对制造业的贡献度。

信息传输、计算机服务和软件业对制造业的贡献度呈现波动上升趋势。其中，从 2007 年的 0.5243% 下降为 2012 年的 0.3521%，而后在 2017 年迅速上升为 0.7840%，在 2020 年达到 1.0574%（见图 5-2）。这充分展现了互联网计算机信息技术的迅猛发展，对制造业带来深刻影响。资本的充分流动、知识的广泛传播以及技术的不断革新，都显著降低了制造业的中间生产成本和交易成本,这无疑对制造业企业的创新改革和生产效率产生了极大的推动作用。同时,信息传输、计算机服务和软件业对制造业的贡献度正在稳步提升,得益于这些行业对前沿信息和大数据的深刻洞察,以及物联网技术的日益成熟,使得制造业企业在时间耗费成本和信息获取成本上大幅减少,从而提升了整体运营效率和竞争力。

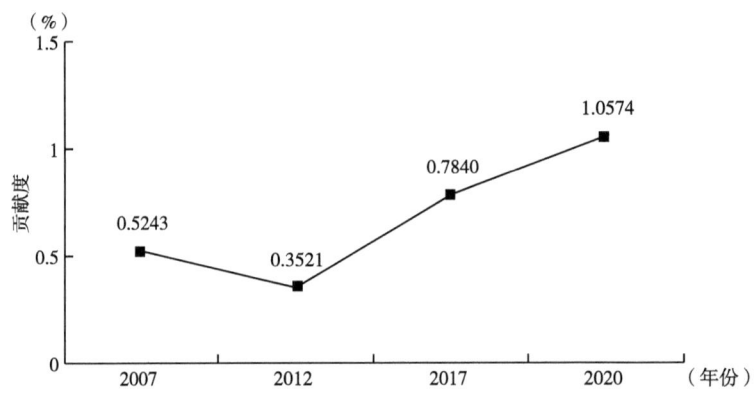

图 5-2 2007~2020 年我国信息传输、计算机服务和软件业对制造业的贡献度

在当今的数字化与智能化并行时代,企业正积极寻求创新与发展的新路径。为了提升竞争力,企业选择将计算机技术、人工智能以及自动化技术全面融入其生产与组织流程中,通过深度融合推动企业向智能化、集成化的方向转变,增强组织和生产过程的灵活性,强化信息传输、计算机服务与软件业对制造业的资源投入,企业可以有效利用先进制造技术和管理水平,为我国制造业摆脱"低端锁定"困境,并推动其转型升级提供新的方向。新一代信息技术的快速发展正在与制造业紧密交织,这一深度融合正有力地推动制造业迈向数字化、网络化、智能化的全新阶段。具体包括:①企业通过将先进的计算机技术、人工智能算法和自动化技术应用于生产线上,实现对制造业生产流程的精准控制和高效管理。这不仅减少了人工干预,降低了生产成本,还确保了产品质量的稳定性和一致性。这种集成化的生产方式使企业能够更快速地响应市场需求的变化,灵活调整生产计划,以满足多样化、个性化的客户需求。②电子商务及相关软件已经成为

企业优化组织结构和资源配置的重要工具,帮助企业实现更高效、更灵活的运营管理,还能促进制造业资源的优化配置。通过电子商务平台,企业可以更加便捷地与供应商、客户以及合作伙伴进行沟通和交易,大大提升了业务效率和客户满意度。例如,企业资源规划(ERP)软件能够整合企业内部的各个部门、流程和资源,实现信息的共享和协同工作,使企业能够更加清晰地了解自身的运营状况,及时发现并解决问题,从而提高整体运营效率。③企业为了实现资源的集约使用、综合利用和节约使用,致力于寻求并应用新技术和清洁生产方法,从源头上减少资源消耗,提高原材料的利用率,减少废弃物的产生。例如,采用先进的生产工艺和设备,减少能源消耗;通过改进产品设计,减少原材料的使用量;采用高效的回收再利用技术,将废弃物转化为有价值的资源。企业还注重在生产过程中实施绿色管理和环境保护措施,包括加强员工的环保意识培训,建立严格的环境监测和评估体系,确保生产过程符合环保标准和法规要求。通过这些措施的实施,企业不仅能够有效控制污染物的排放,还能够提高生产效率和产品质量,实现经济效益和环境效益的双赢。总之,新一代信息技术使得制造业的各个环节实现数据的实时采集、分析和处理,精准控制生产过程。这种数字化转型不仅提高了生产效率,降低了成本,还使得产品质量得到了显著提升。新一代信息技术还打破了传统制造业的封闭性和孤立性,使得企业能够更加便捷地与供应商、客户以及合作伙伴进行沟通和协作,通过构建开放、共享的网络平台,制造业实现了资源的优化配置和信息的快速流通。同时,新一代信息技术为制造业带来了更加先进的自动化和智能化技术。通过应用人工智能、机器学习等技术,制造业实现了对生产设备的智能监控、预测性维护以及生产计划的智能调度,这种智能化转型不仅提高了生产效率,还使得制造业能够更加灵活地应对市场变化,满足个性化、多样化的消费需求。

5.2.2 金融业对制造业的贡献度

金融业对制造业的贡献度从 2007 年的 2.7190% 降为 2017 年的 2.6131%,

然后到2020年呈现上升态势，达到2.9600%（见图5-3）。这说明虽然金融行业自身的发展速度较快，但在发展过程中对制造业的贡献度却是呈现波动变化的态势。企业使用由金融业衍生出来的一系列金融工具进行融资，这种融资方式的方便快捷会大大降低企业融资成本和难度。金融业的不断发展和创新，一系列由金融业衍生出的金融工具应运而生，这些工具为企业提供了更为多样化和灵活的融资选择。企业通过运用这些金融工具，如债券发行、股权融资、资产证券化等，能够迅速且便捷地获取所需的资金，从而显著降低了融资的成本和难度。这种融资方式的便捷性不仅有助于企业更加高效地筹集资金，以满足其经营和发展的需要，同时也为资本市场注入了新的活力。由于高技术制造业往往代表着先进的生产力和创新能力，因此，这些金融工具的运用也使得资本有了更多流向高技术制造业的可能性。这不仅有助于推动高技术制造业的快速发展，还能促进整个经济结构的优化和升级。

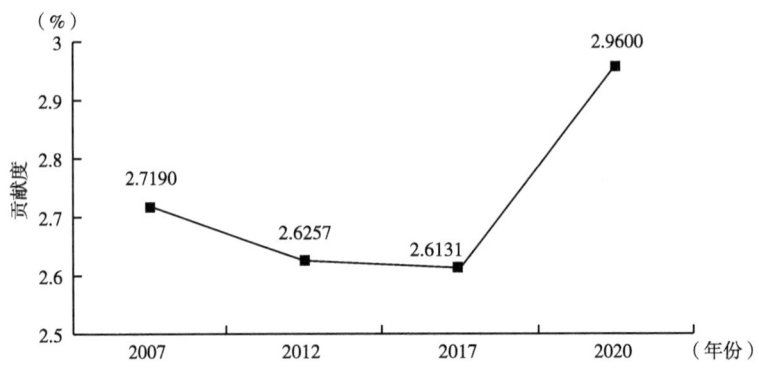

图5-3 2007~2020年我国金融业对制造业的贡献度

5.2.3 商务服务业对制造业的贡献度

商务服务业对制造业的贡献度从2007年的0.7645%上升为2020年的3.7778%，呈现增加趋势（见图5-4）。商务服务业包含咨询、法律、营销等服务在内的管理支持服务传递到制造业企业中去，能够帮助其减少生产成本、防范化解生产运营风险。

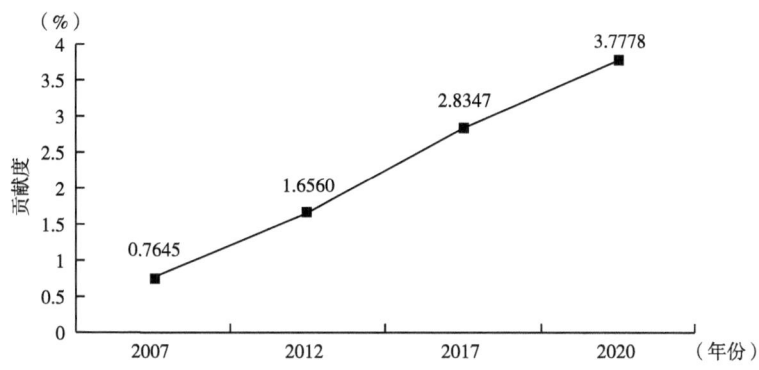

图5-4　2007~2020年我国商务服务业对制造业的贡献度

在现代经济体系中，商务服务业扮演着至关重要的角色，为各类企业提供着多元化的管理支持服务。具体来说，商务服务业不仅涵盖了咨询服务，如为企业提供市场战略分析、流程优化等解决方案，还包括了法律服务，协助企业处理合同审查、诉讼辩护等法律事务。此外，营销服务也是商务服务业的重要组成部分，通过专业的市场调研、品牌策划和推广活动，帮助企业提升品牌知名度和市场份额。当这些商务服务被有效地传递到制造业企业中去时，它们能够发挥出巨大的价值：能够协助制造业企业优化内部管理流程，减少不必要的浪费，从而降低生产成本；商务服务业提供的专业法律服务和咨询，可以帮助制造业企业识别和防范潜在的生产运营风险，如合同纠纷、知识产权侵权等，从而确保企业的稳健运营。

5.2.4　科学研究综合技术服务业构成对制造业的贡献度

科学研究综合技术服务业构成对制造业的贡献度从2007年的1.7181%降为2020年的0.7893%（见图5-5）。尽管科学研究综合技术服务业对制造业的投入，往往能推动科学技术的突破和新研发成果的诞生，为制造业带来革命性的变革和竞争力提升，但这一过程并非没有代价。首先，科研工作的深入与技术的创新往往需要巨额的资金支持，这些资金主要用于购置先进的科研设备、开展实验、进行数据分析等方面，这无疑增加了科研成本。同时，科研活动对人力资本的投入也是巨大的，包括培养、引进和留住高水平科研人才所需的薪酬、福利和培训等费用。然而，在我国目前的制造业环境中，对于科学研究综合技术服务业的需求率相对较低。这可能是由于制造业的发展水平尚未达到全面依赖科技创新的阶段，或者是因为制造业企业对于新技术和新成果的认知和应用能力有限。此外，科学研究综合技术服务业自身的发展层次也可能不高，这可能导致其提供的服务质量和效率难以满足制造业的需求，进而使得实际服务成本较高。这种高成本的服务对于制造业企业而言，无疑会对其运营成本造成一定的压力。制造业企业在考虑是否采用新技术和研发成果时，需要权衡这些技术带来的潜在收益与引入成本之间的关系。如果成本过高，而收益又不明显，那么制造业企业可能会选择放弃或推迟采用这些新技术和研发成果，从而限制了科学研究综合技术服务业在制造业中的应用和发展。

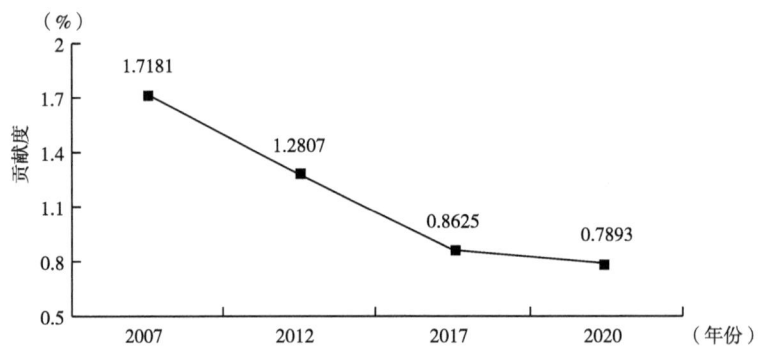

图 5-5　2007~2020 年我国科学研究综合技术服务业构成对制造业的贡献度

综上所述，各类知识密集型服务业的劳动投入对制造业最终产品生产的贡献度，其中，金融业对制造业贡献度最高，四个时期的平均水平是 2.7294%；其次是商务服务业对制造业贡献度，四个时期的平均水平是 2.2582%；而信息计算机软件服务业和科学研究综合技术服务业对制造业的贡献度较低,四个时期的平均水平分别是 0.6794% 和 1.1626%(见表 5-1)。虽然各类知识密集型服务业的劳动投入对制造业贡献度是波动上升的,但与发达国家相比,仍有较大差距。

表 5-1 2007~2020 年我国各类知识密集型服务业对制造业的平均贡献度

年份	2007	2012	2017	2020	平均水平
信息传输、计算机服务和软件业	0.5243	0.3520	0.7840	1.0574	0.6794
金融业	2.7190	2.6257	2.6131	2.9600	2.7294
商务服务业	0.7645	1.6558	2.8347	3.7778	2.2582
科学研究综合技术服务业	1.7181	1.2805	0.8625	0.7893	1.1626

5.3 知识密集型服务业对不同技术水平制造业的贡献度

5.3.1 知识密集型服务业对低技术制造业的贡献度

2007~2012 年,知识密集型服务业对低技术制造业贡献度在下降;而在 2017 年知识密集型服务业对低技术制造业的贡献度上升为 2.2677%,并在 2020 年达到 2.8849%(见图 5-6)。在全球经济日益紧密交织的背景下,产品内部分工的新型模式日益显著,这种分工方式让众多发展中国家找到了参与国际舞台的新切入点。其中,通过加工贸易的形式,发展中国家逐步融入了全球价值链的初步环节,实现了与国际市场的初步接轨。自改革开放以来,中国制造业的发展堪称世界奇迹,不仅实现了生产规模的飞速扩张,更在出口领域取得了举世瞩目的成就,成功跃升为全球制造业生产和出口的领军者。回顾过去的发展历程,中国制造业的出口结构经历了从单一到多元的深刻变革。最初,中国主要依赖劳动密集型产品的出口来参与国际竞争,但随着时间的推移,这种出口结构逐渐转向技术密集型、资本密集型和劳动密集型产品并驾齐驱的多元化模式。这一转变不仅体现了中国制造业出口结构的优化，更是中国制造业转型升级取得显著成效的有力证明。与此同时，经济全球化的浪潮正以前所未有的速度推动着世界经济结构的深刻调整。在这一大背景下，开放式创新为低技术制造业企业提供了融入国际分工、实现持续发展的新契机。许多企业开始转变原有的发展模式，从传统的劳动密集型产业向更加注重知识和技术的知识密集型产业转变，这种转变不仅提高了企业的核心竞争力，也为中国制造业在全球舞台上占据更加有利的地位奠定了坚实基础。

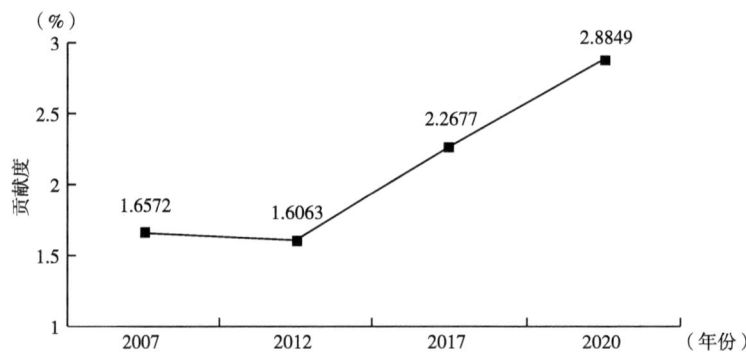

图 5-6　2007~2020 年我国知识密集型服务业对低技术制造业的贡献度

5.3.2　知识密集型服务业对中等技术制造业的贡献度

知识密集型服务业对中等技术制造业贡献度，从 2007 年的 1.8772% 上升到 2020 年的 2.5437%，总体呈现上升趋势（见图 5-7）。在全球化浪潮的推动下，中国制造业的产业结构正经历着深刻的变革与优化。近年来，中国政府高度重视制造业的自主创新和机制改革，通过一系列政策措施，致力于提升制造业发展的质量和效益，推动传统制造业向高端化、智能化、绿色化方向转型升级。在这一过程中，中国不断加大研发投入，鼓励企业自主创新，加快科技成果转化，推动制造业技术进步。同时，深化制造业机制改革，优化营商环境，激发市场活力，为制造业的健康发展提供了有力保障。技术含量高的中等技术制造业和装备制造业在中国得到了较快发展。这些行业不仅具有较高的附加值和竞争力，还能够带动相关产业链的发展，提升整个制造业的竞争力。

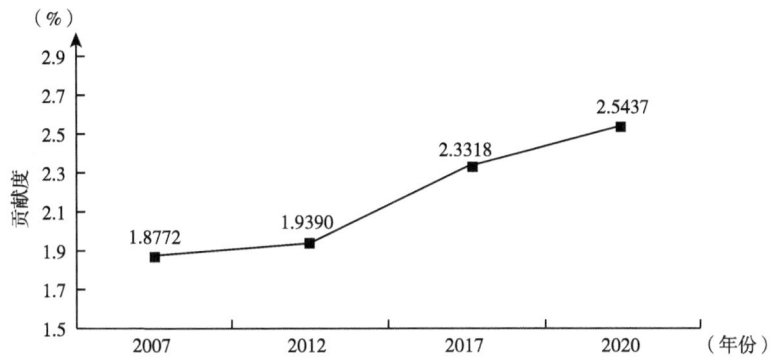

图 5-7　2007~2020 年我国知识密集型服务业对中等技术制造业的贡献度

5.3.3　知识密集型服务业对高技术制造业的贡献度

高技术制造业是现代工业的重要组成部分，它以高科技为基础，涵盖了诸多领域，如电子、航空航天、生物医药等。随着技术的飞速发展和全球化的加剧，高技术制造业的产业链也变得愈发复杂和庞大。供应链、研发创新链、营销渠道和服务支持是高技术制造业产业链的四个关键环节。只有通过有效的协同作用和优化管理，高技术制造企业才能实现持续创新和可持续发展，赢得全球市场的竞争优势。服务支持是高技术制造业产业链的重要环节。服务支持包括售后服务、培训支持和技术咨询等。高技术制造企业需提供及时有效的售后服务，以保证产品的正常运行和用户的满意度。同时，企业还需要提供培训支持，帮助用户正确使用和维护产品。此外，技术咨询也是服务支持的重要内容，企业需要为用户提供专业的技术指导和解决方案。服务支持的良好运作对高技术制造企业的声誉和市场形象至关重要。高技术制造企业需要建立完善的服务支持体系，确保用户能够获得及时、专业的服务。同时，企业还需要不断改进服务质量，提升用户的满意度和忠诚度。

知识密集型服务业对高技术制造业贡献度呈现上升趋势。到2020年知识密集型服务业对高技术制造业的贡献度上升为3.1560%（见图5-8）。知识密集型服务业，以其丰富的知识资源、高效的信息处理能力以及专业的技术咨询服务，为高技术制造业提供了源源不断的创新动力。从研发设计到市场营销，从供应链管理到售后服务，知识密集型服务业贯穿了高技术制造业的整个价值链，为其提供了全方位的支持。随着科技的不断进步和全球竞争的加剧，高技术制造业对于知识密集型服务业的依赖程度越来越高。通过知识密集型服务业的专业服务和创新支持，高技术制造业能够更有效地应对市场变化，提升产品竞争力，实现可持续发展。可以预见，在未来，知识密集型服务业对高技术制造业的贡献度将继续保持上升趋势，两者之间的合作关系将更加紧密。这种趋势不仅将推动高技术制造业的转型升级，也将促进知识密集型服务业的快速发展，为整个经济体系注入新的活力。

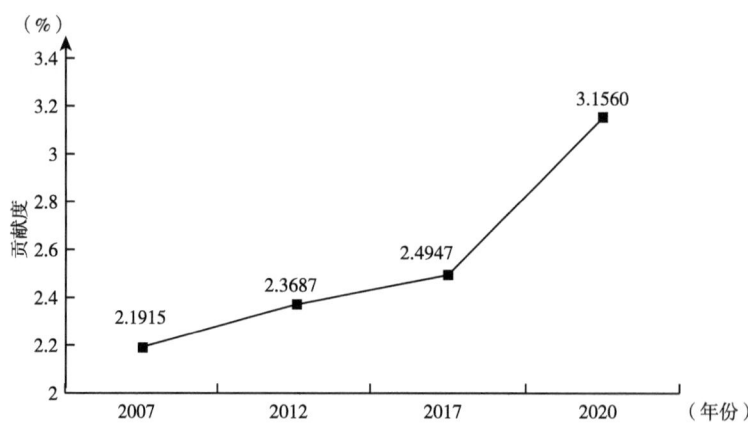

图5-8 2007~2020年我国知识密集型服务业对高技术制造业的贡献度

综上所述，我国知识密集型服务业劳动投入对不同技术水平的制造业的贡献度是不相同的。知识密集型服务业对高技术制造业的贡献度高于其对中技术制造业和低技术制造业的贡献度。高技术制造业的持续增长态势，彰显出我国在这一领域的强大韧性和应对冲击的能力，为我国经济大盘的稳定和发展起到了不可或缺的支撑与引领作用。

5.4 各类知识密集型服务业对不同技术水平制造业的贡献度

5.4.1 各类知识密集型服务业对低技术制造业的贡献度

信息传输、计算机服务和软件业对低技术制造业贡献度，从2007年的0.1325%上升到2020年的0.2929%，总体来看呈现波动上升趋势。随着信息技术的飞速发展，制造业的面貌已经发生了深刻的变化。信息技术以其强大的渗透力和无与伦比的创新力，正在重塑制造业的生产模式、管理方式、商业模式，甚至整个产业链。物联网、大数据和人工智能等技术的发展，制造商可以更好地了解客户的需求并提供定制化的服务。数字化和智能化也使制造商能够更好地管理生产和供应链，从而提高效率和降低成本。

金融业对低技术制造业的贡献度，从2007年的0.7862%上升到2020年的0.9788%，总体来看呈现波动上升趋势。金融业为低技术制造业提供了更多的资金支持、更高效的金融服务、更广阔的市场空间，也为制造业的转型升级、创新发展、国际竞争提供了强有力的推动力。制造业的发展离不开庞大且长期的资金投入，尤其是在科技创新、产业升级、新能源汽车等先进制造领域。然而，传统的金融体系往往难以满足制造业的资金需求，由于制造业的风险较高、回报周期较长、抵押物较少、信用评级较低等特点，导致制造业的融资成本较高、融资渠道较窄、融资难度较大。科技金融的进步拓宽了制造业的融资渠道。除了传统的银行信贷外，科技金融还为制造业提供了股权投资、债券融资、供应链金融、众筹平台、网络借贷等多种融资方式，丰富了制造业的融资类型，降低了制造业的融资门槛，提高了制造业的融资效率。例如，我国设立了科创板，为符合条件的制造业科技企业提供了更加便利、灵活、高效的上市融资渠道。科技金融的进步降低了制造业的融资成本。科技金融利用互联网、大数据、人工智能等科技手段，提高了金融服务的智能化、精准化、个性化水平，降低了金融服务的信息不对称、风险管理、运营成本等问题，从而降低了制造业的融资成本。例如，我国推出了"双创贷"等普惠金融产品，为制造业中小微企业提供了低息、无抵押、快速的信用贷款。科技金融的进步增强了制造业的融资能力。科技金融利用非财务数据、知识产权、产业链关系等新型信用评价体系，为制造业提供了更多的信用支持，增强了制造业的融资能力。例如，我国推出了"知识产权贷"等专属金融产品，为制造业科技企业提供了以知识产权为抵押的贷款。制造业的发展不仅需要资金支持，还需要金融服务。金融服务是指金融机构为客户提供的除资金融通之外的其他金融活动，如支付结算、资产管理、风险管理、咨询顾问等。传统的金融服务往往存在效率低、成本高、安全差、体验差等问题，限制了制造业的发展潜力。制造业的发展离不开资金的支持，但传统的金融服务往往存在信息不对称、信用评估不准确、融资渠道不畅通、融资成本较高、融资风险较大等问题，导致制造业企业，尤其是中小微制造业企业，难以获得有效的金融支持。科技金融通过运用互联网、大数据、人工智能、区块链等技术，打破了金融服务的时间和空间限制，实现了金融服务的线上化、智能化、便捷化，提高了金融服务的效率和质量。

商务服务业对低技术制造业的贡献度呈现逐渐增加的趋势，2020年上升为1.3946%。商务服务业作为现代经济体系中的重要组成部分，其在推动低技术制造业发展方面扮演着越来越重要的角色。近年来，商务服务业对低技术制造业的贡献度呈现逐渐增加趋势，这一现象可以从多个角度进行解释。首先，商务服务业为低技术制造业提供了专业的商业咨询和管理服务，包括市场调研、战略规划、财务管理、人力资源管理等，这些对于低技术制造业而言同样至关重要。通过商务服务业的专业指导，低技术制造业企业能够更好地了解市场需求，优化资源配置，提高生产效率，从而在竞争激烈的市场中保持竞争力。其次，商务服务业为低技术制造业提供了高效的供应链管理服务。随着全球化的深入发展，低技术制造业面临着越来越复杂的供应链环境。商务服务业通过提供供应链管理服务，帮助低技术制造业企业实现供应链的优化，降低运营成本，提高产品质量和交货速度。这不仅有助于提升低技术制造业企业的市场竞争力，还有助于促进整个产业链的健康发展。此外，商务服务业还为低技术制造业提供了创新的商业模式和营销手段。在数字经济时代，传统的商业模式和营销手段已经难以满足低技术制造业的发展需求。商务服务业通过引入新的商业模式和营销手段，如电子商务、社交媒体营销等，帮助低技术制造业企业拓展销售渠道，提升品牌影响力，实现可持续发展。总之，商务服务业对低技术制造业的贡献度呈现逐渐增加的趋势，这一现象是商务服务业与低技术制造业深度融合、相互促进的必然结果。未来，随着商务服务业的不断发展壮大，其对低技术制造业的贡献度还将继续增加，为低技术制造业的转型升级和可持续发展提供有力支持。

科学研究综合技术服务业对低技术制造业的贡献度，呈现下降趋势，从 2007 年的 0.4678% 降为 2020 年的 0.2186%（见图 5-9 和表 5-2）。科学服务是典型的技术密集型产业。实验室用品及仪器往往涉及化学、物理、生物、机械电子、计算机技术、自动化智能化等多领域核心技术，这些高精尖技术的发展带动了实验室用品发展，也铸就了行业的高壁垒。科学服务在欧美等发达国家已比较成熟，国内整体起步较晚，高端仪器和试剂方面均有所差距。但近年来国家政策持续加大对科技型企业自主创新的扶持，我国科学研究支出（R&D 研发经费）保持了快速增长，带动了国内科学服务行业的发展。而从研发强度对比和技术差距来看，我国研发支出有进一步提升空间。

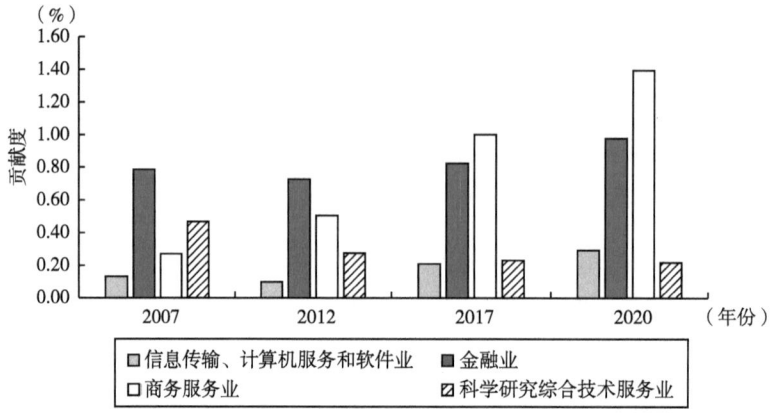

图 5-9　2007~2020 年我国各类知识密集型服务业对低技术制造业的贡献度

表 5-2　2007~2020 年我国各类知识密集型服务业对低技术制造业的贡献度

年份	2007	2012	2017	2020
信息传输、计算机服务和软件业	0.1325	0.0990	0.2097	0.2929
金融业	0.7862	0.7271	0.8241	0.9788
商务服务业	0.2707	0.5043	1.002	1.3946
科学研究综合技术服务业	0.4678	0.2759	0.2318	0.2186

5.4.2　各类知识密集型服务业对中等技术制造业的贡献度

信息传输、计算机服务和软件业对中等技术制造业的贡献度呈现波动上升趋势，从 2007 年的 0.1857% 降为 2012 年的 0.1116%，而后在 2017 年和 2020 年分别上升为 0.2142% 和 0.2556%（见图 5-10 和表 5-3）。互联网的深入应用正在重塑制造业的分工与协作模式。随着其技术的不断进步，制造业内部出现了更为精细化的分工趋势。这种分工的演变，从最初基于自然资源禀赋的分工，逐步转向由"互联网+制造业"融合所驱动的新型分工。首先，信息传输技术的快速发展为中等技术制造业提供了更加高效、便捷的信息交流和资源共享平台。随着云计算、大数据、物联网等技术的广泛应用，中等技术制造业企业能够实时获取市场动态、客户需求和供应链信息，从而更精准地制订生产计划和营销策略，提高市场响应速度和客户满意度。其次，计算机服务和软件业的发展为中等技术制造业提供了强大的技术支持和创新动力。通过引入先进的计算机系统和软件应用，中等技术制造业企业能够实现生产过程的自动化、智能化和精细化管理，提高生产效率和产品质量。同时，计算机服务和软件业还能为中等技术制造业企业提供个性化的解决方案和定制化服务，满足其特定的生产需求和市场要求。然而，这种贡献度的上升并非一帆风顺。由于技术进步和市场变化的不确定性，信息传输、计算机服务和软件业对中等技术制造业的贡献度也呈现出一定的波动性。新技术的引入可能会带来一定的适应成本和市场风险，需要中等技术制造业企业投入更多的资源和精力进行学习和适应。但是，随着技术的不断成熟和市场环境的逐渐稳定，这种波动性将逐渐减弱，贡献度将呈现出更加稳定的上升趋势。

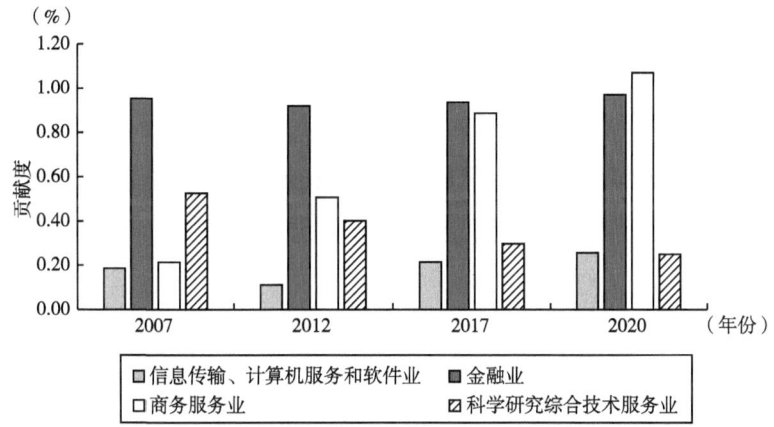

图 5-10 2007～2020 年我国各类知识密集型服务业对中技术制造业的贡献度

表 5-3 2007～2020 年我国各类知识密集型服务业对中技术制造业的贡献度

年份	2007	2012	2017	2020
信息传输、计算机服务和软件业	0.1857	0.1116	0.2142	0.2556
金融业	0.9524	0.9188	0.9354	0.9689
商务服务业	0.2132	0.5074	0.8862	1.0700
科学研究综合技术服务业	0.5260	0.4012	0.2960	0.2491

金融业对中等技术制造业的贡献度呈现波动上升趋势,从 2007 年的 0.9524% 降为 2012 年的 0.9188%,而后在 2017 年和 2020 年分别上升为 0.9354% 和 0.9689%。2016 年 10 月 13 日,国务院办公厅发布《互联网金融风险专项整治工作实施方案的通知》。2018 年 10 月 10 日,由中国人民银行、中国银行保险监督管理委员会、中国证券监督管理委员会制定的《互联网金融从业机构反洗钱和反恐怖融资管理办法(试行)》出台并公布。科技金融通过前沿科技的赋能,正在深度改变制造业的生产与服务模式。借助互联网技术的广泛覆盖,大数据的精准分析,人工智能的智能化决策,以及区块链技术的安全保障,科技金融为制造业量身定制了一系列高效、智能、便捷且安全的创新解决方案。这些解决方案不仅优化了制造业的生产流程,提升了生产效率,同时也改进了服务质量,增强了用户满意度。例如,通过互联网平台,制造业企业可以实现线上线下的无缝对接,提高订单的接收和处理速度,缩短生产和交付周期;通过大数据分析,制造业企业可以利用海量的数据,进行市场预测、产品设计、生产调度、库存管理等,提高生产的精准度和灵活度,降低生产的浪费和成本;制造业的发展,需要不断地开拓新的市场和寻找新的机遇,以适应全球化和数字化的趋势和挑战。通过互联网平台,制造业企业可以实现跨地域、跨行业、跨领域的市场拓展,打造全球化的品牌和渠道;通过大数据分析,制造业企业可以利用海量的数据,进行市场细分、产品定制、营销策略等,打造差异化的产品和服务;通过人工智能技术,制造业企业可以利用智能设备、智能应用、智能场景等,打造智能化的产品和服务;通过区块链技术,制造业企业可以利用分布式账本和智能合约,打造去中心化的产品和服务。

商务服务业对中等技术制造业的贡献度呈现上升趋势,从 2007 年的 0.2132% 上升 2020 年的 1.0700%。商务服务业作为现代经济体系中的关键一环,其对于中等技术制造业的推动和助力作用日益显著,其贡献度正呈现出稳健且积极的上升趋势。在全球化与信息化的双重背景下,商务服业以其专业的知识、高效的服务和创新的模式，为中等技术制造业提供了全方位的支持。从市场调研、战略规划到运营管理、品牌推广，商务服务业的渗透无处不在，为中等技术制造业的持续发展注入了新的活力。与此同时，随着科技的不断进步和市场的不断变化，商务服务业也在不断创新和升级，以更好地满足中等技术制造业的需求。这种双向的互动和融合，使得商务服务业对中等技术制造业的贡献度不断上升，成为推动其转型升级的重要力量。

科学研究综合技术服务业对中等技术制造业的贡献度呈现下降趋势，从 2007 年的 0.5260% 降为 2020 年的 0.2491%。这可能涉及多个层面的原因。以下是对此现象的详细解释：第一，从市场需求和技术变革的角度来看，中等技术制造业相对于高技术制造业，往往对新兴技术的采用和应用较为滞后。随着科技的快速发展，中等技术制造业面临的市场竞争压力逐渐增大，促使它们不得不更加专注于提高生产效率和降低成本，以维持市场竞争力。因此，它们可能更倾向于采用成熟的、成本效益较高的技术，而非依赖科学研究综合技术服务业提供的高成本、高风险的创新技术。第二，中等技术制造业内部的研发能力逐渐增强。随着技术积累和人才培养的深入，中等技术制造业企业开始注重自身的研发团队建设，并加大在研发方面的投入。这使它们能够更加独立地进行技术创新和产品升级，减少对外部科学研究综合技术服务业的依赖。第三，科学研究综合技术服务业的服务内容和方式与中等技术制造业的需求不匹配。科学研究综合技术服务业往往更关注前沿科技的研发和创新，提供的服务更加专业和深入。而中等技术制造业在技术创新上更注重实用性和经济性，对服务的需求更加多样化和灵活化。这种不匹配可能导致科学研究综合技术服务业难以有效满足中等技术制造业的需求，进而降低了其贡献度。第四，政策环境对科学研究综合技术服务业和中等技术制造业的影响不同。政府在推动科技创新和产业升级时，往往更加关注高技术制造业的发展，对科学研究综合技术服务业的支持力度相对有限。这可能导致科学研究综合技术服务业在发展中面临一些困难,从而影响了其对中等技术制造业的贡献度。第五,全球化和市场竞争的加剧也是导致这一现象的原因之一。随着全球化和市场竞争的加剧,中等技术制造业面临的市场环境更加复杂多变。为了在竞争中保持优势,它们需要更加灵活地应对市场变化。这可能导致它们对外部服务的依赖度降低。因此,科学研究综合技术服务业对中等技术制造业的贡献度呈现下降趋势是一个复杂的现象,涉及市场需求、技术变革、研发能力、服务匹配度、政策环境以及市场竞争等多个因素。

5.4.3 各类知识密集型服务业对高技术制造业的贡献度

信息传输、计算机服务和软件业对高技术制造业的贡献度呈现波动上升趋势,从2007年的0.2061%降为2012年的0.1415%,而后在2017年和2020年分别上升为0.3600%和0.5089%(见图5-11和表5-4)。随着全球互联网技术的日新月异,其对知识密集型制造业的深远影响愈发凸显。这种影响不仅仅局限于表面的技术应用,更在深层次上重塑了该行业的创新生态和集聚模式。首先,互联网技术的飞速发展带来了信息传输效率的飞跃性提升。这种提升意味着数据、知识和信息的流通更加迅速、便捷,为知识密集型制造业的创新活动提供了前所未有的网络支撑。这种强大的网络支撑如同为知识密集型制造业搭建了一座宽广的桥梁,使得各种创新思想和资源得以快速汇聚和流通,从而构建了一个更加有利于创新的环境。正如熊彼特的创新理论所揭示的那样,这种创新环境是推动知识密集型制造业集聚的核心动力。其次,互联网发展水平的提升也意味着基础设施的日益完善和信息技术使用者数量的显著增长。对于知识密集型制造业而言,这两个因素的重要性不言而喻。完善的基础设施是知识密集型制造业发展的基石,它为企业的创新活动提供了稳定的物质保障;而足够的信息技术使用者则为企业提供了源源不断的人才和创新动力。因此,随着互联网的普及和深化应用,知识密集型制造业的集聚程度将进一步得到提升,使其更加集中化、专业化。这种集聚不仅有助于企业之间的知识共享和协作创新，还能够形成规模效应，降低生产成本，提高整个行业的竞争力。

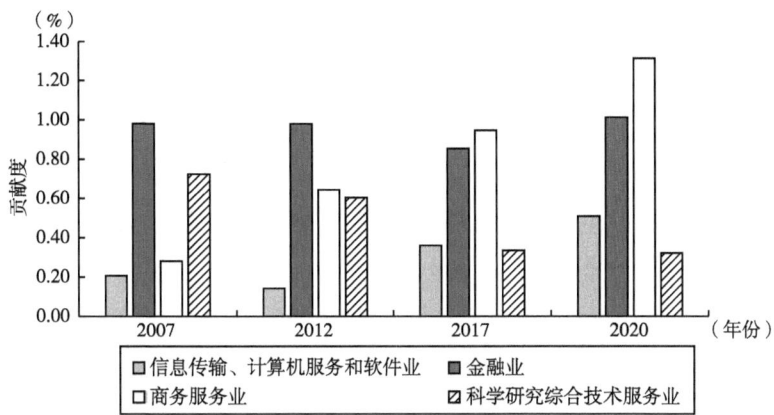

图 5-11　2007~2020 年我国各类知识密集型服务业对高技术制造业的贡献度

表 5-4　2007~2020 年我国各类知识密集型服务业对高技术制造业的贡献度

年份	2007	2012	2017	2020
信息传输、计算机服务和软件业	0.2061	0.1415	0.3600	0.5089
金融业	0.9805	0.9798	0.8535	1.0123
商务服务业	0.2806	0.6440	0.9464	1.3132
科学研究综合技术服务业	0.7243	0.6034	0.3347	0.3216

金融业对高技术制造业的贡献度呈现波动上升趋势，从 2007 年的 0.9805% 降为 2017 年的 0.8535%，而后在 2020 年上升为 1.0123%。近年来，国家推出了一系列金融措施支持实体经济发展。银行是我国金融体系的主要支柱，银行贷款及相关服务为智能制造业的发展提供了有力支持。银行的"投贷联动"业务也在持续发展，国家开发银行运用其综合性业务优势，实现了投资、贷款、债券、租赁、证券一体化服务。

商务服务业对高技术制造业的贡献度呈现上升趋势，从 2007 年的 0.2806% 上升为 2020 年的 1.3132%。随着全球贸易的不断发展，高技术制造业面临着更加激烈的国际竞争和更加广阔的市场空间。商务服务业通过提供国际贸易、投资、法律等方面的专业服务，为高技术制造业企业开拓国际市场、参与国际竞争提供了有力支持。这种国际化发展不仅为高技术制造业带来了更多的商业机会和利润增长点，也为其带来了更加丰富的创新资源和合作机会。

科学研究综合技术服务业对高技术制造业的贡献度呈现下降趋势，从 2007 年的 0.7243% 降为 2020 年的 0.3216%。这可能与以下几个方面的因素有关：第一，科技创新模式的转变。随着科技的不断进步，创新模式正在从传统的线性模式向网络化、开放化、协同化的模式转变。这意味着高技术制造业创新越来越依赖于多元化的创新资源和开放的创新环境，而不仅仅是科学研究综合技术服务业的单一支持。因此，科学研究综合技术服务业在其中的作用相对减弱。第二，高技术制造业内部技术能力的提升。随着技术的不断积累和进步，高技术制造业内部的技术能力也在不断提升。这使得企业在面对新技术、新产品、新工艺的研发时，更加依赖自身的技术团队和研发能力，而对外部科学研究综合技术服务业的依赖度降低。第三，市场竞争的加剧。随着全球化和市场竞争的加剧，高技术制造业面临着越来越大的市场压力。为了在竞争中保持优势，企业不得不更加关注市场需求和用户体验，加快产品创新和市场推广的速度。这使企业在研发和创新过程中更加注重效率和效果，而科学研究综合技术服务业由于其服务周期长、成本高等特点，可能无法满足企业的这种需求。第四，政策环境的变化。政策环境对科学研究综合技术服务业和高技术制造业的发展都具有重要影响。近年来，国家对于高技术制造业的支持力度不断加大，但对于科学研究综合技术服务业的政策支持相对较少。这可能导致科学研究综合技术服务业在发展中面临一些困难，从而影响了其对高技术制造业的贡献度。因此，科学研究综合技术服务业对高技术制造业的贡献度呈现下降趋势是一个复杂的现象，需要从多个方面进行分析和解释。

综上所述，各类型的知识密集型服务业对高技术制造业的贡献度一般都比其对低技术制造业贡献度高。但金融业在 2017 年对中等技术制造业的贡献度要高于对低技术和高技术的贡献度；商务服务业在 2017 年和 2020 年对低技术制造业的贡献度要高于对中技术和高技术的贡献度。

5.5　简要结论

知识密集型服务业劳动投入对制造业总体的贡献度呈现上升趋势。但各类知识密集型服务业的劳动投入对制造业的贡献度却不同，其中金融业对制造业贡献度最高；其次是商务服务业对制造业贡献度；而信息计算机软件服务业和科学研究综合技术服务业对制造业的贡献度较低。

我国知识密集型服务业劳动投入对不同技术水平制造业的贡献度是不相同的。其中知识密集型服务业对高技术制造业的贡献度高于其对中技术制造业和低技术制造业的贡献度。高技术制造业保持较快增长，凸显了我国高技术制造业的韧性和抗冲击性，对稳经济大盘发挥了重要的支撑和引领作用。

各类知识密集型服务业的劳动投入对不同技术水平制造业的贡献度作用不同。其中，信息传输、计算机服务和软件业、金融业、商务服务业对高技术水平制造业、中等技术水平制造业、低技术水平制造业的贡献度，呈现波动上升趋势；科学研究综合技术服务业对高技术水平制造业、中等技术水平制造业、低技术水平制造业的贡献度，在研究期内呈下降趋势。总体上，各类知识密集型服务业的劳动投入对高技术水平制造业的贡献度一般高于其对低技术水平制造业的贡献度。

第 6 章

我国知识密集型服务业与制造业融合的影响因素分析

在现代经济体系中，知识密集型服务业扮演着至关重要的角色，它们为制造业提供了全方位、深层次的技术指导、组织管理和企业发展等专业服务和建议。这种服务并不仅仅停留在表面的咨询和策略制定上，而是深入企业的核心业务流程中，帮助企业优化资源配置、提升生产效率、加强创新能力。而制造业，作为知识密集型服务业产生的主体，其发展历程与知识密集型服务业的兴起紧密相连。随着制造业的不断发展，企业面临着日益复杂的运营环境和市场竞争。为了保持竞争优势，许多企业开始意识到，将内部一些不成熟、非核心的服务业务剥离出来，外包给专业的服务机构，能够更好地聚焦于核心业务的发展。这种外包服务的模式，不仅减轻了企业的运营压力，也为专业的服务机构提供了广阔的发展空间，催生了知识密集型服务业的崛起。知识密集型服务业与制造业之间存在着密切的相互关系。在多种融合动因、条件和要素的推进下，知识密集型服务业与制造业形成了互动融合。本章将重点研究影响我国知识密集型服务业与制造业融合的主要因素。

6.1 基于主成分分析的因素提取

6.1.1 指标选取

由于知识密集型服务业与制造业融合受到经济发展、产业集聚、产业结构水平、政策环境等多方面因素的影响，本章参考国内外研究中的指标选取，选取了一些可能对于知识密集型服务业与制造业融合影响程度较大的指标。各指标具体如表6–1所示。

表6–1　知识密集型服务业与制造业融合影响程度较大的指标

指标表示	指标名称	指标表示
x1	城市化水平	城市人口占总人口的比重（%）
x2	地区生产总值	地区生产总值（亿元）
x3	人口密度	每平方千米的常住人口
x4	人力资本水平	高等学校在校学生人数/总人口
x5	信息化水平	邮电业务总量/地区生产总值
x6	创新水平	国内发明专利申请受理量（件）
x7	政府支持	公共预算支出/地区生产总值
x8	研发强度	R&D经费内部支出/地区生产总值
x9	产业集聚	就业人员数/行政区划面积
x10	产业结构	第三产业产值/第二产业产值
x11	外商直接投资	外商直接投资额（万元）
x12	政策环境	参考杨仁发等（2021）计算
x13	技术市场成交额	技术市场成交额（亿元）

为了保证足够的样本数量，本章的研究对象选取为除直辖市、西藏、新疆和香港、澳门、台湾外的中国25个省区市。因目前很多省区市未公布2020年的投入产出数据，故本章研究数据采用2002年、2007年、2012年、2017年投入产出数据。指标体系中的指标数据来源于各省区市

统计年鉴,其中政策环境变量参考杨仁发等(2021)的研究,缺失数据运用插线法补齐。

6.1.2 指标提取方法

知识密集型服务业与制造业融合指标体系中,选择了多个可能会影响知识密集型服务业与制造业融合的指标,由于这些指标存在一定的相关性,若直接将其引入实证模型会导致变量存在较严重的共线性,同时还会增加实证的复杂程度,进而影响实证结果的准确性。因此本章采用主成分分析法对知识密集型服务业与制造业融合指标体系进行处理,提取主成分。主成分分析的基本思想是将众多的初始变量整合成少数几个相互无关的主成分变量,而这些新的变量尽可能地包含了初始变量的全部信息,然后用这些新的变量来代替以前的变量进行分析。通过计算众多指标的贡献率,得出贡献率较大的若干个主成分,拟合出一个新的、相互独立并能反映总体情况的指标,提高实证检验的准确性。

数学模型如下:

$$F_i = a_{1i}X_1 + a_{2i}X_2 + \cdots + a_{pi}X_p \tag{6-1}$$

其中,X_1,X_2,$\cdots$,X_p 表示每个指标变量,$a_i = (a_{1i}, a_{2i}, \cdots, a_{pi})$ 表示变量对应的权重,F_i 表示数据矩阵 X 的 p 个指标向量 X_1,X_2,$\cdots$,X_p 的线性组合。

6.1.3 主成分提取

(1)数据标准化处理。

由于在知识密集型服务业与制造业融合体系中选取了多个有相关性的指标,每个指标的变化趋势和量级都存在一定差异,为方便进行因子分析,运用极差法对数据进行标准化处理,具体公式如下:

$$S_i = (C_i - C_{imin})/(C_{imax} - C_{imin})(C_i \text{ 为正指标}) \tag{6-2}$$
$$S_i = (C_{imax} - C_i)/(C_{imax} - C_{imin})(C_i \text{ 为负指标})$$

(2) 有效性分析。

各个变量需要符合主成分分析要求的强相关性才能被选入指标体系，因此本章进行了 KMO 检验和 Barlett 球形检验。结果如表 6-2 所示，KMO 值为 0.752 > 0.7，同时巴特利特球形检验显著性为 0.000，均表示指标选取适合进行主成分分析。

表 6-2　　　　　　　　KMO 和巴特利特检验结果

KMO 取样适切性量数		0.752
巴特利特球形度检验	近似卡方	1051.072
	自由度	78
	显著性	0.000

(3) 因子提取。

如表 6-3 所示，其中列示的指标体系中前四个成分的特征值均大于 1，表示前四个主成分的可信度很高。同时前四个成分的累计方差贡献率达到了 75.107%，代表现有指标体系可以很好地解释知识密集型服务业与制造业融合水平。

表 6-3　　　　　　　　　　总方差解释

成分	初始特征值			提取载荷平方和			旋转载荷平方和		
	总计	方差百分比	累积(%)	总计	方差百分比	累积(%)	总计	方差百分比	累积(%)
1	5.318	40.910	40.910	5.318	40.910	40.910	4.461	34.314	34.314
2	2.228	17.140	58.051	2.228	17.140	58.051	2.921	22.472	56.785
3	1.135	8.732	66.783	1.135	8.732	66.783	1.275	9.810	66.596
4	1.082	8.324	75.107	1.082	8.324	75.107	1.106	8.511	75.107
5	0.849	6.527	81.634						

续表

成分	初始特征值			提取载荷平方和			旋转载荷平方和		
	总计	方差百分比	累积（%）	总计	方差百分比	累积（%）	总计	方差百分比	累积（%）
6	0.683	5.252	86.886						
7	0.460	3.535	90.421						
8	0.427	3.286	93.707						
9	0.314	2.415	96.123						
10	0.243	1.872	97.994						
11	0.149	1.143	99.138						
12	0.105	0.809	99.947						
13	0.007	0.053	100.000						

注：提取方法为主成分分析法。

在图6-1中，自第5个因子特征值小于1且开始折线趋于平缓，故取前4个因子作为主成分因子。

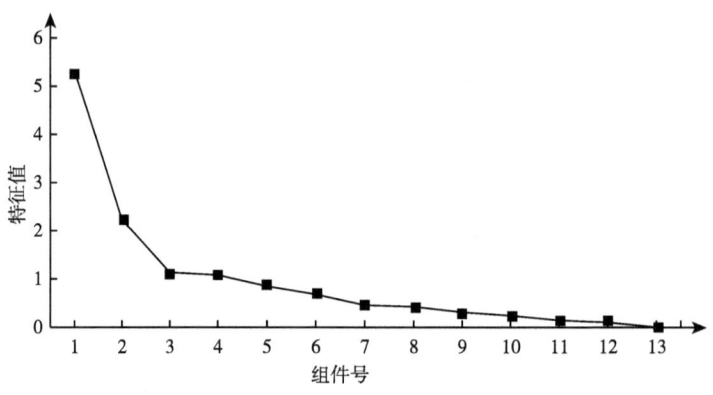

图6-1 碎石图

我们使用最大方差法对因子进行旋转，得出指标中能够提取的主成分因子。

结果如表6-4所示，从旋转因子载荷矩阵可知，主因子1主要承载了创新水平、国内生产总值、人力资本水平、技术市场成交额、城市化水平、研发强度、政府支持,可以命名为政府支持因子。

表6-4 旋转成分矩阵

	成分			
	1	2	3	4
x6	0.88	0.281	-0.006	0.029
x2	0.834	0.408	-0.024	-0.083
x4	0.811	-0.092	0.358	0.215
x13	0.786	0.139	-0.224	-0.098
x1	0.783	-0.141	0.378	0.11
x8	0.78	0.332	-0.112	-0.092
x7	0.012	-0.8	-0.172	-0.033
x3	0.367	0.882	0.058	-0.023
x9	0.371	0.874	0.043	-0.04
x11	-0.128	0.54	0.51	0.111
x12	0.062	0.212	0.798	-0.203
x10	-0.103	0.023	-0.08	0.874
x5	-0.436	-0.017	0.059	-0.448

注:提取方法为主成分分析法。
旋转方法:凯撒正态化最大方差法。
旋转在11次迭代后已收敛。

主因子2主要承载了人口密度、产业集聚强度指标的内容,可以命名为产业集聚强度因子。

主因子3主要承载了外商直接投资、政策环境指标的内容,可以命名为营商环境因子。

主因子4主要承载了产业结构、信息化水平指标的内容,可以命名为营商环产业结构因子。

综上所述,基于上述分析,得出影响知识密集型服务业与制造业融合的因素主要有政府支出、产业集聚、产业结构、营商环境四个关键因子。

6.2 影响因素模型建立

依据前面对知识密集型服务业与制造业的因子分析,探讨知识密集型服务业与制造业融合的影响因素,并构建如下模型:

$$\ln C_{it} = \alpha_0 + \beta_i \ln x_{it} + \varepsilon \tag{6-3}$$

其中,C 作为模型的被解释变量,表示知识密集型服务业与制造业融合水平;x 为解释变量,包括政府支持力度(Government support)、产业集聚(Industrial agglomeration)、产业结构(industrial structure)、营商环境(Business environment);α_0 为截距项;β_i 为各具体解释变量的系数;ε 为误差项。

在上述模型中,知识密集型服务业与制造业的融合程度水平(Y),本章借鉴已有研究(吴慧勤,2016),利用中间投入率和中间需求率两项指标来测量知识密集型服务业与制造业的融合水平。计算步骤如下。

(1) 中间需求率(G_j)。

中间需求率是国民经济中的其他产业对 i 产业的中间需求和与 i 产业的总需求的比值,计算公式为:

$$G_i = \frac{\sum_{j=1}^{n} x_{ij}}{\sum_{j=1}^{n} x_{ij} + Y_i} \quad (i = 1, 2, \cdots, n) \tag{6-4}$$

其中,$\sum_{j=1}^{n} x_{ij}$ 和 Y_i 分别表示经济系统中的其他产业对 i 产业的中间需求和与总需求。一个产业中间需求率越高,说明这个产业越有原材料性质,产业发展依靠其他产业对它的中间需求带动。

(2) 中间投入率(F_j)。

中间投入率指国民经济中 j 产业的中间投入与总投入的比值,反映的是 j 产业对其他产业的依赖和带动能力,计算公式为:

$$F_j = \frac{\sum_{i=1}^{n} x_{ij}}{\sum_{i=1}^{n} x_{ij} + N_j} \quad (j = 1, 2, \cdots, n) \tag{6-5}$$

其中，$\sum_{i=1}^{n} x_{ij}$ 和 N_j 分别表示第 j 行业的中间投入和增加值。一般来说，一个产业的中间投入率越高，产业的附加值率越低。

(3) 融合度（C_i）。

根据式（6-3）和式（6-4）中的中间需求率（G_j）和中间投入率（F_j）建立产业融合度的测算模型：

$$C_i = \frac{1}{2}\left(\frac{1}{2}(F_{i \to j} + F_{j \to i}) + \frac{1}{2}(G_{i \to j} + G_{j \to i})\right) \tag{6-6}$$

其中，产业集聚（Industrial Agglomeration），采用就业人员数/地区行政面积表示；政府支持（Government Support），采用财政支出/地区生产总值表示；产业结构（Industrial Structure），采用第三产业产值/第二产业产值表示；营商环境（Business Environment），采用外商直接投资额/地区生产总值表示。

6.3 结果分析

(1) 变量统计描述。

根据所构建的模型运用 Stata 16.0 对以上数据进行分析，得出各变量统计描述（见表 6-5）。

表 6-5　　　　　　　　　变量统计描述

变量	样本数量	平均值	标准差	最小值	最大值
lnC（融合度）	100	-0.916	0.0574	-1.094	-0.733
lnGS（政府支持）	100	-1.680	0.435	-2.512	-0.491
lnIS（产业结构）	100	-0.0322	0.392	-0.607	1.444

续表

变量	样本数量	平均值	标准差	最小值	最大值
lnIA（产业集聚）	100	-4.538	1.078	-7.824	-3.117
lnBE（营商环境）	100	-4.138	1.008	-7.824	-2.515
研究地区数量	25	25	25	25	25

（2）共线性诊断。

为检验各变量间是否存在共线性问题，进行 VIF 检验，通过检验得到 VIF 均值为 1.65，小于临界值 10，说明变量之间不存在共线性问题（见表 6-6）。

表 6-6　　　　　　　　　　变量 VIF 检验

变量	VIF	1/VIF
lnGS（政府支持）	2.28	0.438914
lnIS（产业结构）	1.80	0.554228
lnIA（产业集聚）	1.53	0.652677
lnBE（营商环境）	1.00	0.996780
Mean VIF	1.65	

（3）豪斯曼检验。

豪斯曼检验结果表明，Prob > chi2 = 0.7856，表明随机效应优于固定效应，故采用随机效应模型（见表 6-7）。

表 6-7　　　　　　　　　　豪斯曼检验

	fe	re	Difference	Std. err.
lnGS（政府支持力度）	0.0875	0.0754	0.0121	0.0203
lnIS（产业结构）	0.0411	0.0354	0.0056	0.0053
lnIA（产业集聚）	-0.0126	0.0130	-0.0256	0.0712
lnBE（营商环境）	0.0156	0.0155	0.0001	0.0066

注：$chi2(4) = (b - B)'[(V\_b - V\_B)^{\wedge}(-1)](b - B) = 1.73$，$Prob > chi2 = 0.7856$。

（4）影响因素回归结果。

从逐步回归结果来看，政府支持力度、产业结构、产业集聚、营商环境均对知识密集型服务业与制造业的融合有显著正向影响（见表6-8）。

表6-8　回归结果

变量	(1)	(2)	(3)	(4)
lnGS（政府支持）	0.0382***	0.0386***	0.0570***	0.0754***
lnIS（产业结构）		0.0345***	0.0351***	0.0354***
lnIA（产业集聚）			0.0141***	0.0130***
lnBE（营商环境）				0.0155*
Constant	-0.8520***	-0.8503***	-0.7554***	-0.665***
Observations	100	100	100	100
研究地区数量	25	25	25	25
R^2	0.1002	0.1816	0.1892	0.2185

注：*** 表示 $p<0.01$，** 表示 $p<0.05$，* 表示 $p<0.1$。

政府支持对知识密集型服务业与制造业融合的影响系数为0.0754，在1%的统计水平上显著。这表明政府支持力度每提高1%，融合水平将提高0.0754%，政府的支持有利于知识密集型服务业与制造业融合发展。政府支持在政策、资金、公共服务平台建设和人才培养等多个方面为知识密集型服务业与制造业的融合发展提供了有力保障和推动。政府支持体现在政策层面上，为知识密集型服务业与制造业的融合发展提供了有力保障。政府通过制定一系列优惠政策，如税收优惠、财政补贴等，降低了企业的运营成本，提高了企业的盈利能力，从而鼓励企业加大在知识密集型服务业与制造业融合发展上的投入。政府通过简化审批流程、优化营商环境等方式，为两业融合发展提供了便利条件。政府支持还体现在资金层面上，为知识密集型服务业与制造业的融合发展提供了稳定的资金来源。政府通过设立专项资金、引导社会资本等方式，加大对知识密集型服务业与制造业融合发展的投资力度。这些资金可以用于支持企业的研发创新、人才培养、市场拓展等关键环节，从而推动融合发展的深入进行。政府支持还体现在公共服务平台建设上，为知识密集型服务业与制造业的融合发展提供了有力支撑。政府通过搭建公共服务平台，促进了企业间的信息共享、技术交流与合作，降低了企业间的交易成本，提高了合作效率。这些平台还可以为企业提供法律咨询、市场分析、技术支持等专业服务，帮助企业解决在融合发展过程中遇到的困难和问题。此外，政府支持还体现在人才培养和引进上，为知识密集型服务业与制造业的融合发展提供了人才保障。政府通过加大教育投入、推动产学研合作等方式，培养了一批具有创新能力和实践能力的高素质人才。同时，政府还通过优化人才政策、提高人才待遇等方式，吸引了一批海外高层次人才回国发展，为融合发展提供了强大的人才支撑。

产业结构对知识密集型服务业与制造业融合的影响系数为0.0354，在1%的统计水平上显著，表明产业结构可以促进知识密集型服务业与制造业融合发展。产业结构升级有利于推进劳动力市场一体化进程，可以有效促进要素之间的流动，使知识密集型服务业与制造业融合发展打破要素流动壁垒。产业结构优化为知识密集型服务业与制造业的融合发展提供了基础条件，产业结构正逐步向高端、智能、绿色的方向转型，这种转型使得知识密集型服务业与制造业在产业链中的位置更加紧密，两者的相互依赖和融合发展成为可能。在产业结构升级的过程中，新技术、新工艺和新模式不断涌现，为知识密集型服务业与制造业提供了更多的创新机会，通过技术创新，知识密集型服务业可以不断提升服务质量和效率，为制造业提供更加专业、高效的支持；制造业也可以借助知识密集型服务业的技术创新，推动自身产品升级和产业转型。产业结构多元化还促进了知识密集型服务业与制造业的市场拓展。多元化的产业结构意味着市场中存在更多的需求和机会，知识密集型服务业与制造业可以通过拓展业务领域、开发新产品和服务等方式，共同开拓更广阔的市场空间。这种市场拓展不仅有利于提升企业的竞争力，也有助于推动整个产业的繁荣发展。另外，产业结构合理化有助于知识密集型服务业与制造业的资源优化配置。在产业结构合理化的过程中，各种资源要素得到更加合理的配置和利用。这使得知识密集型服务业与制造业可以更加高效地共享人才、资金、技术等资源，实现优势互补和协同发展。

产业集聚对知识密集型服务业与制造业融合的影响系数为0.0130，在1%的统计水平上显著。这表明产业集聚每提高1%，融合水平将提高0.0754%，产业集聚有利于知识密集型服务业与制造业融合发展。产业集聚促进了资源共享和优势互补。在产业聚集区内，知识密集型服务业和制造业企业可以共享基础设施、人才资源和技术创新成果。制造业企业可以依托知识密集型服务业提供的研发设计、技术咨询等高端服务，提升自身产品的技术含量和附加值；而知识密集型服务业则可以通过深入了解制造业企业的实际需求，提供更加精准、高效的服务，实现双方的互利共赢。产业集聚还加速了知识溢出和创新扩散。在产业聚集区，企业间的交流和合作更加频繁，知识、技术和信息的流通更加畅通。在这种环境下，新知识、新技术更容易被传播和采用，从而推动整个产业的创新和发展。同时，知识密集型服务业与制造业的深度融合，也催生了新的业态和商业模式，为产业创新提供了源源不断的动力。产业集聚提升了产业的竞争力。通过集聚发展，知识密集型服务业和制造业可以形成规模优势和集群效应，提高整个产业的竞争力和市场占有率。同时，产业集聚还可以吸引更多的投资和人才，进一步推动产业的发展和升级，有助于构建完善的产业生态系统。在产业聚集区，知识密集型服务业与制造业之间的关联更加紧密，可以形成完整的产业链条和生态系统。这种生态系统不仅有利于企业间的协同发展，还可以提高整个产业的抗风险能力和可持续发展水平。

营商环境对知识密集型服务业与制造业融合的影响系数为0.0155，在10%的统计水平上显著，表明营商环境对知识密集型服务业与制造业融合发展具有促进作用，我们认为这主要是因为良好的营商环境会吸引大量外商投资，从而促进了两业融合。首先，外商直接投资往往伴随着先进的技术和管理模式的引进，这不仅可以提升知识密集型服务业的服务水平，也能促进制造业的技术升级和流程优化。这种技术与管理经验的传递，为两业融合发展提供了强大的动力。其次，外商直接投资促进了资金和资源的优化配置。知识密集型服务业与制造业的融合需要大量的资金投入和资源支持，外商直接投资可以为这些行业提供稳定的资金来源，支持双方在研发、创新、市场拓展等方面的合作。再次，外资的进入也能引导国内资本和资源的优化配置，提高整个产业的运行效率。外商直接投资还有助于推动知识密集型服务业与制造业的国际化进程。全球化背景下，知识密集型服务业与制造业的融合发展需要面向国际市场。外商直接投资带来的国际视角和全球资源，有助于推动这些行业拓展海外市场，提升国际竞争力。通过与国际先进企业的合作与交流，知识密集型服务业与制造业可以更快地融入全球产业体系，实现更高水平的发展。最后，外商直接投资还能带来市场竞争的加剧，从而推动知识密集型服务业与制造业的融合发展。外资企业的进入会加剧市场竞争，促使国内企业不断提升自身实力，寻求与知识密集型服务业的深度融合，以应对市场挑战。这种竞争效应有助于激发产业的创新活力，推动知识密集型服务业与制造业的共同发展。

第 7 章

我国制造业和知识密集型服务业融合的实践经验

在推动先进制造业、增强制造业的国际竞争力和促进经济高质量增长的大背景下,制造业与服务业的综合发展已逐步成为我国学术界和政策制定者的普遍共识。近年来,我国各地在推动制造业与服务业,特别是与知识密集型服务业的融合发展过程中,逐步探索出了不少有效的模式和经验,本章尝试对这些模式和经验进行概括总结,为构建我国制造业和知识密集型服务业融合的政策体系提供借鉴。

7.1 路径一:政策驱动型发展

7.1.1 京津冀协同发展战略驱动两业融合发展

在京津冀和雄安新区发展战略指导下,以缓解北京非首都功能为目标,加强京津冀地区产业合作,有效发挥市场机制和政府作用,致力于"延伸产业链、确保创新链的精确匹配、保障供应链的安全性、推动价值链高端跃升",以先进制造业与现代服务业融合为构建现代经济结构的关键路径，强调创新驱动和数字赋能，努力打造多元化、智能互联和开放协同的国际顶尖产业生态环境，提高区域综合发展质量。同时，京津冀重视完善现代化产业体系，在新能源汽车、生物医药、新材料、高端装备、大数据和云计算等领域取得了显著突破，形成了具有国际竞争力的产业集群。在知识密集型服务业中，促进现代服务业的成长，特别是 IT 服务业和科学技术服务业的规模和研发投入均呈现出较快的增长，显示出强大的创新活力，培育出一系列具有强大竞争力的先进制造业集群和优势产业链。

党的十八大以来，北京以建设世界城市和全球科技中心为目标，大力推进京津冀区域一体化进程，在高端装备制造、电子信息、生物医药、新能源汽车等领域取得了突破性进展，形成了一批优势特色产业集群。为了加速制造业与服务业融合，2023 年北京市发改委与市科委中关村管委会、市经济和信息化局、市财政局等 11 个部门联合发布了关于北京市推进先进制造业与现代服务业深度融合发展建议，提出了推进北京高端装备制造与新一代信息技术融合发展、大力发展生产性服务业和新型业态等 8 大重点任务。为进一步推动两业融合发展，北京市建立市级两业融合发展联席会议机制，明确了新一代信息技术与制造业融合、医药制造与健康服务融合等 8 个两业融合发展的重点领域；并通过设立专项资金引导企业加快推进相关业务应用，鼓励有条件的企业依托现有资源打造具有国际影响力的新型智慧城市产业园区，为"一站式"产业服务平台和共性技术服务平台等相关产业服务设施的建设，以及针对致力于数字基础设施升级的项目，按照 30% 的比率提供固定资产投资的补助资金。在政策支持下，2024 年海淀区上地区域暨北部组团科创园区等 5 家示范园区以及安世亚太等 35 家试点企业，被认定为市级两业融合试点示范单位，将持续完善试点单位的基础设施建设和政策环境保障，特别是加大对其企业咨询服务、"人工智能＋"创新方面加大政策倾斜力度，以试点带动广泛发展的模式探索两业融合新路径。

天津"十四五"规划明确表示，天津面临研发投入不足、创新能力不强、人才技术资源缺乏、知识产权保护不力、产学研融合不够等问题，应积极促进产业的整合发展，并加速先进制造业与现代服务业深度融合。一是坚持技术创新驱动，提高新一代信息技术与制造业深度融合发展水平。天津以智能技术、大数据、云计算等新技术手段将作为重要支撑，推动"新智造"技术发展，鼓励企业智能化改造，提升工艺装备水平，实现工业设备云化改造，增强数字化处理能力，提高制造业质量效益，服务型制造得到了深度应用，关键业务环节的数字化企业占比达到了65%，而生产性服务业的增加值占地区生产总值的比重也达到了45%。二是加快基础设施建设，为两业融合发展提供支撑。天津积极推进智慧交通、智能电网等新兴行业应用，优先发展5G、工业网络、大数据等领域，推进"智慧城市"试点。加速高端装备制造企业发展，推进绿色和智能制造，增加产品附加值。三是推进现代产业体系建设，拓展两业融合新模式。天津将打造文化创意产业园区，推动制造业向研发设计和增值服务高端发展，构建设计业务链条，建立智能制造示范企业和行业发展模式，强化京津冀应用场景合作共建。并设定2025年目标：关键行业数字化研发设计工具普及率达90%，数控化率和生产设备数字化程度均超60%。

2020年，河北省发改委发布了《河北省推进现代服务业与先进制造业深度融合试点工作方案》文件。河北省将以加快推动服务业与制造业深度融合为目标，探索建立新型工业化道路下的产业组织形态，培育壮大战略性新兴产业集群，激发新动能带动经济增长的强大动力。河北以促进生产性服务业与先进制造业深度融合为工作重点，2020年起，河北省发改委以服务业制造化和制造业服务化为核心，培育了一批制造业企业从加工制造延伸增值服务链的试点项目，引导产业集聚区形成新业态，在经济发达地区或有条件区域先行先试，探索建立具有示范带动作用的经验做法。例如，从单纯提供产品转向提供"产品+服务"，支持服务业企业发挥在大数据、品牌、销售网络、设计创新和专利技术等方面的优势，通过委托生产、品牌授权和建立工业互联网平台等手段，深入参与加工制造过程，为企业按需生产提供了平台，借助这一平台企业能够根据用户需求提供个性化和灵活的定制化服务，满足市场需求多样性，增强服务能力与水平。此外，以河北省生物医药产业为例，多项政策明确提出加大医疗产业、健康服务产业发展，支持以医疗服务为主的医疗产业、以健康咨询服务、健康旅游、健康保险等服务产业发展，目前已构建了包含原材料供应、研发生产、外包服务、医药商业、医疗服务和产业服务的完整产业体系，是两业融合发展的典范。此外，邯钢将"两业融合"视为公司持续创新发展和变革的核心发展战略策略，在坚持把钢铁主业做大做强的基础上，着力攻破信息化、智慧物流、绿色环保材料等领域的核心技术，创新汽车、家电、重轨等一系列产品组合，以创新服务产品和服务模式延伸产业链，推动产业转型升级，极大增强企业核心竞争力。京津冀地区产业发展相关政策梳理如表7-1所示。

表7-1 京津冀地区产业发展相关政策梳理

发布时间	政策名称	主要内容
2020年3月	《河北省推进现代服务业与先进制造业深度融合试点工作方案》	鼓励制造业企业由加工制造环节向增值服务环节延伸，提高向全社会提供高水平专业化服务的能力； 鼓励支持服务业企业向加工制造环节延伸渗透，实现以用户为中心的个性化、柔性化定制和按需灵活生产
2020年11月	《天津市科技创新三年行动计划（2020~2022年)》	着力推动以信创产业为突破口、生物产业和高端装备制造等为重点的产业创新能力提升； 绘制技术、产业及生态图谱，大力引聚信创龙头企业、国家级大院大所和创新人才； 加强信创领域创新学科建设
2022年1月	《河北省制造业高质量发展"十四五"规划》	构建一核一两极一四带一多集群发展格局：雄安新区高端高新产业发展核心区；石家庄省会高质量发展增长极、唐山高质量发展增长极；环京津高新技术产业带、沿海临港产业带、冀中南先进制造业产业带、冀西北绿色制造产业带；一批竞争力强的县域特色产业集群。 着力构建"4+4+3+N"的产业体系：钢铁、装备制造、石化和食品4大传统优势产业，新一代信息技术、生物医药、新能源和新材料4大战略性新兴产业，应急、被动式超低能耗建筑、康复辅助器具3大高潜产业，区块链、太赫兹、类脑智能、量子信息等N个未来产业

续表

发布时间	政策名称	主要内容
2023年1月	《北京市推动先进制造业和现代服务业深度融合发展的实施意见》	发展目标：到2025年，打造10家示范园区、100家试点企业，实现数字化转型，提升"北京智造"品牌，促进京津冀产业协同。 重点领域：信息技术与制造业融合、医药制造与健康服务融合、智能网联汽车、集成电路一体化、高端装备、新能源与节能环保、现代物流与制造业。 实施意见：强化京津冀产业协同，提升区域融合发展水平。跨区域产业链布局，共建产业基地，资源高效配置，聚焦产权、技术研发
2023年4月	《加快河北省战略性新兴产业融合集群发展行动方案（2023~2027年）》	重点支持石家庄生物医药产业集群、石家庄新一代电子信息产业集群、保定新能源与智能电网装备产业集群、邯郸新型功能材料产业集群德国； 重点培育雄安新区软件和信息服务产业集群、秦皇岛信息技术产业集群、邯郸高端装备产业集群等； 未来着力发展空天信息产业、先进算力产业、鸿蒙欧拉产业生态、前沿新材料产业、基因与细胞产业和绿色氢能产业

资料来源：各省区市官网、前瞻产业研究院、中国新闻网等。

7.1.2 珠三角和长三角协同发展战略驱动两业融合发展

珠三角地区知识密集型服务业与制造业融合发展主要表现为产业链延伸优化：在我国区域协调发展战略实施过程中，粤港澳大湾区作为亚太区域内重要现代服务中心，凭借自身地理位置优势、创新资源优势和产业基础优势，已经成为我国乃至世界最具有发展潜力的地区之一，将成为推动我国经济社会快速进步的重要增长极。其中，知识密集型服务业和高技术制造业在粤港澳大湾区占据了主导地位。目前，知识密集型服务业与制造业融合发展在该区域已取得一定成效，但还存在资源环境约束、产业规模偏小、创新能力不足、人才相对匮乏、金融抑制严重等问题，阻碍粤港澳大湾区向世界一流创新型城市迈进。对此，在世界级大湾区的规模和总量基础上，粤港澳大湾区在产业结构转型升级、产业空间布局以及与服务业的协同发展等方面优化推进，专注于推动先进制造业发展，提高当前制造业的技术标准，并积极吸引和培养研发设计、信息技术服务等知识密集型服务领域的高科技制造公司。同时，粤港澳大湾区注重鼓励和支持战略性新兴产业成长，加速现代服务业发展，并积极推动高端装备制造和海洋科技服务业，带动海洋经济壮大发展，实现知识密集型服务业与高技术制造业协同发展，充分激发大湾区创新活力。

根据《长江三角洲城市群发展规划》和《长三角制造业协同发展规划》等政策文件，长三角地区以全面发展成为全球顶级品质城市集群为发展目标，要求区域内各城市间加强合作，打破地域壁垒，推动现代服务业与先进制造业在该区域内进行合理的布局，以实现优势互补和错位发展，促进区域统一市场的形成。一是强化科技创新对制造业的支撑作用，形成了以上海张江高科技园区、南京江北新区等为代表的一批知识密集型服务业和制造业融合发展的新型园区，通过智能制造、工业互联网等技术广泛应用，提升制造业智能化和自动化水平，推动高新技术企业发展和新技术应用。例如，张江科学城打造"金融—科技"产业集群，集聚传统金融机构、互联网产业，深化浦东数据港建设，加速数据算力算法基础设施建设，建立金融数据链——信息服务产业链——金融+科技集聚价值链为一体的生态圈，着力培育极具创新能力、广泛应用推广能力的场景创新项目，为制造业提供强大的数据支持，促进两业深度融合。二是长三角依托区域协同发展战略政策优势，加强沪苏浙皖四省市间的合作，强化区域内产业合作和项目对接，推动产业融合发展和资源共享，推动地区内部对产业布局的优化，加强了区域内部的经济联系和产业互补，为空间结构调整提供了明确方向和强大动力，实现产业链的高效运转和优化布局。

7.2 路径二：技术创新驱动型发展

7.2.1 浙江以数字为依托打造两业融合发展新模式

浙江将制造业和服务业融合置于重要位置，认为两业融合是培育经济发展新优势、新动能，驱动制造业实现高质量发展的重要力量。浙江省坚持数字化创新、柔性化生产、集成化制造、共享化配置、平台化服务的路径，探索石油化工、汽车制造、生命健康、装备制造、消费电子、轻纺工业、农副产品加工、现代物流、电商与制造业、研发设计等领域全产业链融合发展新模式，主要运用工业互联网创新平台、数字化工厂建设、全链条服务体系完善等措施，培育具有全球竞争力的产业链，提高产业协同创新能力，促进两业深度融合。以数字经济优势为依托推动两业融合是杭州产业发展的亮点之一，以"数字+"为主线，积极探索并逐步推进"数字+"、"研发+"、"服务+"和"设计+"等两业融合模式，利用前沿数字化技术赋能企业，在政策引导作用下创新推出各类创业小镇，集聚各大高校、研究院所和企业的创新资源，搭建了两业融合的创新平台。其中杭州高新区（滨江）和网易严选获得国家级两业融合试点，创新服务型制造、"数字+服务+制造"等模式，为全省乃至全国两业融合发展打造标杆作用。浙江正泰电器致力于智能制造转型升级、数字化物流平台建设、一体化供应链管理建设，为全球一百多个国家和地区提供了成套设备产品和整体解决方案，通过机器换人、智能化生产系统，实现成套设备自动化制造生产的纵向集成、以及客户需求到销售服务的横向集成，优化物流仓储系统模型，构建高效运营管理模式。浙江普洛家园药业建设合约开发及生产机构（CDMO）研发设计制造服务融合平台，优化整合上下游研发设计和生产环节，提高智能制造和自动化控制功能，探索并推广了"CDMO医药生产制造与医药研发设计服务"新发展道路。

杭州挖掘并充分利用"数智杭州"优势，持续深入数字产业化与产业数字化发展，尤其是在阿里巴巴等龙头企业的强力发展支持下，大数据、人工智能等前沿数字技术赋能两业融合，促进数据协同创新发展，数字化场景创新赋能产业链延伸，以此提高数字化场景创新效果，助力打造世界级智能制造城市。杭州临平区以"数智临平·品质城区"为发展需求目标，以制造业为中心，以数字化科技创新改革为动力，助力先进制造业与现代服务业深度融合，促进服务型制造业发展。临平区致力于整合政、产、学、研等多方面资源，重点关注"先进制造业与现代服务业深度融合"和"提高我国制造业价值链和产业链的水平"等核心领域，成功地组织了两次中国服务型制造大会，为服务型制造的发展提供了重要的交流、合作、成果分享和理念传播平台；建立了全国首个服务型制造研究院，强化理论研究、共性技术研发、推广应用和行业交流等方面研究，以解决跨行业、跨领域和跨场景发展服务型制造所需的关键技术和产业组织为研究目标，为促进我国服务型制造快速健康发展提供了强有力的智力支撑。余杭区作为浙江省人工智能创新应用先导区，响应省"一号发展工程"，加大人工智能、智能计算产业发展，从底层基础设施的智能计算产业链开始布局，主力提供场景需求驱动企业研发新一代智能化产品，在持续创新产业发展下，人工智能产业规模已超过1500亿元。

嘉兴海宁市以数字化技术为支撑，强化数字化技术创新和服务创新，为全省乃至全国提供两业融合发展新模式典范。一是数字化赋能工业互联网平台，强化制造业与互联网产业深度融合发展。在《关于推进"千企万机上网触云"深化智能化技术改造的若干措施》指导下，以改造智能化技术为重点手段，以企业智能化设备改造和智能化研发为重点方向，持续参与"产业大脑＋未来产业"的数字经济系统发展，培育数十家两业融合发展的试点企业。半导体和数字经济等领域，从过去主要集中在研发和销售产品模式，转型为为客户提供智能系统解决方案的综合业务模式。二是按照行业发展特点、区域发展基础，精准推进智能工厂建设。立足于特色产业发展领域，以重点产业研发流程为关键创建智能化改造典范，其中，雪豹服饰作为传统产业的代表，把握两化融合改造的机遇，抢占先机建设数字化生产线，依托人工智能与大数据技术，实现生产数据及时流通与反馈，极大提高生产效率和生产质量；莎特勒新材料构建了"智慧生产"平台，以信息一体化交互为突破口，构建车间自动化生产、数据化研发生产、信息化反馈于一体的平台，生产效率提升近1/3。三是以智能技术为支撑，构建了智能制造咨询服务和诊断平台,其中包含权威专家、专业实践者、第三方检测机构,围绕行业特色和不足,以"一对一"诊断方式开展服务,为企业发展提供智力支撑和服务保障,降低企业创新发展风险。在智能终端方面,天通控股积极推动"天网"战略转型升级,加快构建基于云计算、物联网、大数据、人工智能的新一代移动互联网体系,实现了向智能化终端提供商的角色转换。天通控股的智慧网络产品和解决方案已经成功地服务于北美、欧洲、亚太和中国大陆等多个地区的运营商以及垂直市场的专业客户。

宁波市以提升数字化技术与多行业深度融合,持续推进数字赋能产业转型。宁波市对标全国两业融合发展需求和本市企业发展优势,从实现企业数字化普惠为出发点,积极培育数字化产业,打造"基础级+行业级+企业级"(1+N+X)为一体的平台,广泛开展"产业大脑+未来工厂"新发展模式,并将数智化系列解决方案应用到企业研发、涉及和生产过程中,为两业融合发展提供平台支持。宁波市围绕提升智能装备水平、培育绿色产品、推动两化(信息化和工业化)深度融合等重点领域,形成了一批具有地方特色的服务品牌。其中,在产品研发方面,围绕智能装备与机器人、高端数控机床、新能源汽车、新材料四大重点行业开展了系列工作,以客户为中心,通过对用户需求进行准确分析和预测,不断研发具有针对性的新产品、新工艺、新材料,充分利用先进制造业优势,加速供应链、产品链、服务链、价值链和要素链的整合,实现产品更新换代,引导各企业向服务型制造模式转型。在产品创新中,宁波专注于单一领域领先地位,鼓励企业向产业链的高附加值部分扩展,从而增强其在特定领域的核心竞争能力,鼓励一批高端装备与零部件企业进入关键核心技术研发和产业化阶段,增强产品创新实力,打造自主品牌。例如,方太集团打造"未来工厂",研发、设计、生产数据实现及时更新,协同机器人、多功能机器人等搭配流水线,实现13秒生产油烟集烟罩,极大提高生产效率。同时,在智能控制、物联网等一系列数字化技术深度推广应用基础上,数据服务、信息服务渗透到制造业各个环节，不仅实现了成本降低，还提高了产品质量、缩短产品交付周期，实现"未来工厂"智能化智慧化。

7.2.2 无锡数智重构服务型制造模式创新

无锡市积极推动具有特色优势的现代服务业发展，不断提高现代服务业的整体发展水平，目前拥有物联网、集成电路、生物医药、新能源和高端装备等数个千亿级产业集群，是推动产业结构优化调整与转变经济增长方式的重要支撑力量，促进无锡在经济转型升级中率先实现由制造业大省向制造业强省跨越。2022年，无锡数字经济核心产业规上企业营业收入近6600亿元，数字经济核心产业增加值占GDP比重达到11.7%。

当前，无锡正处于经济结构优化和产业结构高级化阶段，传统工业加速向智能化转变，智能制造被视为无锡市产业转型和升级的关键路径，同时也是无锡市现代产业新高峰的显著标识。无锡发展起步于集成电路，且拥有国内最大的集成电路设计研发中心和国家级微电子产业基地——太湖芯片基地，集成电路行业达到了1783亿元的营业收入，其规模在江苏占据了1/2，而在全国则是1/8，在集成电路行业内聚集了超过400家企业，拥有从业人数高达11.3万人。无锡依托完善的电子信息产业链，打造国家传感网创新示范区、车联网先导区等，持续培育示范型数字企业。

信息技术的巨大进步为服务型制造转型提供了数字创新基础，也为服务型制造模式创新和应用范围创造了更多机会。无锡作为长三角地区重要节点城市之一，增强互联网技术驱动力，深化5G、大数据、云计算、人工智能等新一代信息技术与制造业融合，集中攻破智能装备核心技术，夯实智能制造企业基础，逐渐推动制造业由依靠劳动力、资本等传统要素向依靠数据、信息等新质生产要素转变，提高企业创新发展效率。无锡作为我国独一无二的国家传感网创新示范区，汇聚了来自全国甚至全球的物联网科技创新资源和领军企业，在智能感知、智慧服务等方面已具备一定优势，物联网行业发展势头旺盛。目前，全市物联网企业数量超过3000家，总规模达到3564亿元以上，其规模在省内位居首位。

无锡市围绕重点领域，突破关键技术，积极推动新一代信息技术与制造业深度融合，构建以数据为核心的新型信息基础设施，推进智能工厂建设和企业信息化平台建设，形成一批具有自主知识产权的智能化产品及系统性服务解决方案，实现制造业生产管理智能化和产品全生命周期过程管控信息化，提高智能制造整体质量，加速构建"智造强市"。无锡市推动新一代信息化技术与制造业、服务业广泛融合，关注制造企业创新链、生产链、管理链、销售链、服务链的数字化水平，鼓励个性化定制和C2M制造模式，实现制造过程的智能化与柔性化。同时，无锡市加速推动工业互联网、数控机床、机器人关键智能装备的创新研制与产业化，建设工业互联网标杆工厂；生产性服务业方面，无锡市大力支持信息技术与金融服务、现代物流等的融合发展；生活性服务业方面，无锡市支持信息技术在文化创意、旅游休闲等行业的创新应用，运用数字化技术打造一体化智慧服务系统，提升健康养老服务水平和治理，实现服务业不同领域数字化转型均衡发展。

无锡市为抢占数字创新发展先机，坚持创新链、产业链、价值链三链融合发展理念，以产业数字化、数字产业化、数字化治理、数字价值化为主要发展目标，持续推进数字化转型，将智能创新驱动城市发展、服务创新打造智能城市为特色，逐渐形成无锡特色发展模式。无锡依托国家级数字创新示范区为基础，以数实融合为发展主线助力企业数字化转型，加速产业链更新再造和价值链优化提升，重点关注10个产业链，实施100个智能化的重点项目、建立100个智能制造的标杆、培养100家优秀的服务提供商，持续推进"千企画像"的数字化诊断重点任务，进行千企数字化技术改造项目，促进千企进入云端，并培养了数以万计的数字创新人才。在一系列政策举措支持下，无锡高新区作为江苏省唯一国家级软件产业示范区，其软件行业的总规模高达1754亿元，在全国范围内持续保持领先地位。此外，无锡市还在全力构建具备国际竞争力的数字产业集群，该集群数字经济核心产业的增加值预计高达1700亿元，不仅推动了产业集群的快速壮大，还为服务型制造业的发展提供了强大的推动力。

7.3 路径三：特色产业驱动型发展

7.3.1 上海聚焦尖端领域引领制造业突破发展

浦东作为国家创新型城市建设的核心引擎，依托人工智能、工业互联网等数字化技术驱动作用，对制造业生产流程进行智能化升级，形成了多种服务于浦东新区实际、产业特色鲜明、创新叠加的融合发展模式。浦东新区浦东新区服务型制造发展基础坚实，聚焦尖端领域，已形成以高端装备制造、生物医药、新能源汽车为代表的新兴产业集聚区，是具有国际竞争力的创新高地。其中，航空航天、电子及通信设备、医疗设备及仪器仪表制造等高端化、智能化、技术密集型产业是浦东新区服务型制造发展的代表性产业，总产值占全区制造业总产值的1/3以上。同时，浦东也是上海集成电路和生物医药业的主要生产基地，拥有全球领先的半导体封装测试能力，集成电路和生物医药研发已经实现了产业化，为长三角一体化的发展奠定了稳固的产业基石。

上海浦东新区深入理解创新、服务、总部、开放和流量"五型经济"的核心特征，并将"数字服务、创新服务、集成服务、总部经济"作为主要的发展战略，聚焦电子信息制造业、生命健康制造业、汽车制造业、高端装备制造业、先进材料制造业、时尚消费品制造业和服务业的深度融合，使服务行业持续地向更专业和价值链的高端发展：在电子信息制造领域，浦东新区依托5G、大数据、智能控制、系统仿真、ODM（设计制造）企业利用辅助设计等技术，推动集成电路、通信设备等高端设计研发，优化制造能力；对于生命健康产业，浦东新区致力于生物医药、医疗器械、健康食品和医护美容等多领域的发展，鼓励集中攻关突破医药核心技术，集中临床合同研究相关资源，强化第三方检测服务平台的支撑作用。目标是成为上海化学药品研发外包服务的示范基地，以及上海生命健康产业的主要承载区域；浦东新区的汽车制造业重点发展新能源汽车、燃料电池汽车，坚持"车—人—家"一体化理念，推动电动汽车产业化进程，建设国际一流能源互联网平台，打造智慧出行服务体系和金融服务平台，健全全周期汽车服务体系；浦东新区的高端装备制造业重点发展无人航空器、民用航空部件、智能生产和控制设备以及智能整套设备等多领域，致力于促进智能运营和维修服务；浦东新区的先进材料制造业集中发展高分子材料、高性能合金材料、高端复合材料、电子信息材料等领域，引培专业服务供应商，强化供应链系统解决方法，努力打造成为全国绿色高端涂料产业的高地，提高服务能力专业性系统性；浦东新区的时尚消费品制造业注重设计理念创新、品牌文化创新、供应链整合创新，助力市场拓展延伸，实现产品和服务全面提升。

浦东新区以追求精益化发展为目标，破解两业融合发展门槛。具体围绕人才结构、企业运营模式、市场供求关系、生态系统结构等进行改革，基于用户和市场需求变化，坚持精益制造模式，以加速现代服务业开放程度、培育兼具咨询研发设计等功能的专业服务功能企业、打造产业特色鲜明的生产性服务功能区、深化数字化技术在服务业的拓展应用为重点发展任务，促进制造业服务化水平提升。目前，浦东新区龙头企业在长三角地区建立制造基地、分支机构等，向长三角先进制造业集群输送技术、理念、方法等，形成服务型制造发展新业态和新模式。其中，上海和江苏两大经济体之间互动合作日益密切，昆山依托浦东新区产业优势实现了经济快速增长，临港新片区的制度革新已经成为南京江北新区等地的创新发展典范，这一系列产业布局为加快浦东融入国家"一带一路"倡议格局中提供了基础。上海自由贸易试验区的建立和发展，对物流服务行业发展提出了更高要求，从物流服务、集成服务、协同服务和数字服务方面增强物流服务创新能力，重点发展仓储配送、冷链运输、物流配送、第三方物流等，提升物流链整体运作效率和效益，推进总集成总承包和供应链管理，增强产业链、供应链的连续控制能力，重点发展互联网金融、智慧城市、物联网、大数据等领域，提升行业应用能力，推进数据服务、智能制造服务、信息服务和产业电商发展上，增强数字经济的影响力和渗透能力。

浦东新区社会创新资本集聚优势突出，陆家嘴金融城积极联动张江科学城，利用金融服务助力制造业实体经济发展，以金融资源撬动科技创新。科创板为"六大硬核产业"内龙头企业提供了发展壮大的平台，在科技发展基金的扶持下，服务型制造企业核心竞争力不断增强，新增发明专利授权量从2015年的4654件增加到2021年的8415件。截至2021年底，科创板上市企业32家，同时，有效撬动社会资源投入，带动企业研发设计投入约200亿元，撬动银行、风险投资等社会资金投入近150亿元，财政资金的放大效应达近22倍，并运用科技创新券、绩效奖励等多种措施，吸引各类要素资源集聚，极大地优化了服务型制造企业的发展环境。

7.3.2 苏州构建特色产业创新集群强化两业融合

苏州以打造数字经济时代产业创新集群为战略目标，将电子信息、装备制造、生物医药和先进材料四大主导产业创新集群，将数字赋能型、知识驱动型和消费导向型作为高质量发展的关键增量和显著亮点，致力于构建"4+3"特色产业创新集群的培育机制，不断加强"群与群"的融合和"业对业"的快速发展，着力打造具有全球影响力的新城市，实现了经济社会持续健康快速发展。苏州被评为首批国家级服务型制造示范城市，在全市范围内，国家级服务型制造示范企业（包括项目和平台）的总数位居全国首位，同时，在省级两业融合试点和首批省两业融合发展标杆引领典型单位的数量上也是全省最多的。2022年，苏州的产业创新集群建设取得了显著的成果。生物医药、高端医疗器械、高端纺织和纳米新材料产业集群被评为国家先进制造业集群。此外，新增了9家国家制造业单项冠军企业和122家国家专精特新"小巨人"企业。苏州实验室也正式揭牌成立，并新增了3家国家企业技术中心，全省排名第一。2023年，金融业，信息传输、软件和信息技术服务业，科学研究和技术服务业三大行业合计占生产性服务业增加值的比重为53.2%，比2018年提高7.4个百分点。

苏州构建延伸式、强链式、集群式、平台式四种两业融合形态，激活产业发展新动力，彰显两业融合发展效果。一是发挥多元主体创新作用，尤其是跨地域跨行业企业间的多元化融合发展作用，延伸企业制造服务领域，鼓励多元化发展，推动企业从单纯的制造或者单出的服务业务向"产品+服务"转型，释放加和效应，提高企业竞争能力。二是通过发挥"链主"企业的引领作用，协同产业链创新环节，提供一站式研发、设计、生产制造、销售、维修保养等服务，释放两业融合的协同效应，提高全链生产和服务效率。三是构建产业特色集群，尤其是促进电子信息产业、生物医药产业间的深度融合，释放产业创新乘数效应，提高综合产出价值；苏州生物医药产业在各园区规划设计之初，就强化差异化特色定位，避免同质竞争，重点发展新药研发、高端医疗器械、生物技术和新型疗法，集聚了众多原创研究、先进技术和专业人才，确定了发展生物与纳米两大产业，成立了苏力药业和苏州瑞科医药科技等专注于研发和生产生物与纳米材料的企业，苏州生物医药及高端医疗器械集群入围国家先进制造业集群，形成覆盖医药跨境电商、生物制品研发、产品检测、知识产权等在内的完整服务链，与医药制造业深度融合，"乘数效应"加速释放。目前，已成为全球领先的生命科学研究开发基地、生物医药产业化中心、医药科技创新高地和现代医药业示范区。四是利用数字化技术，打造工业互联网平台，依托平台支撑作用促进制造环节与服务流程的精准匹配，突破时间空间限制实现跨域融合，释放出巨大幂数效应。苏州太湖雪丝绸公司主营业务包含研发设计、制造生产、销售服务，实行线上线下定制化服务，其中定制化服务占主营收入超50%，实现年均20%以上增长；巨联环保资源化平台运用"制造+服务"模式，提供定制化资源循环利用服务；苏州加快汽车产业创新集群发展，打造万亿级产业，推动新能源汽车整车、汽车电子及零部件、智能网联汽车等细分领域发展，加速汽车产业创新。

苏州制造业服务化实施投入服务化和产出服务化双向转型战略：一方面，加强研发、创意、设计、信息咨询等制造业中间环节服务的投入，极大提高制造业内在价值；另一方面，从单一的产品销售到全面的服务的转变，并将产品维修、保养、金融租赁等系列相关服务作为主要利润来源，逐渐从产品销售转换为全生命周期服务提供，转为"产品+服务"提供方。围绕工业软件、工业互联网、智能制造诊断与改造等领域，持续推动人工智能、区块链、5G+等数字新技术赋能先进制造，加快推动服务业数字化转型。苏州积极拓展两业融合服务创新模式，拓展智慧物流、数字商贸、在线研发、在线检测、智能运维等数字化服务新模式和智慧服务新产品。

苏州市推广服务型制造新模式在冶金、化工等传统优势产业中的应用，打造传统制造产业与服务业融合典范。苏州引导化工、冶金、纺织服装、家具家电等传统优势企业加大新技术、新产品、新工艺的研发投入，将两业融合发展企业功能定位为智能制造与全面增值服务相结合，努力探索个性化服装与家电家具定制服务、大数据分析与反馈服务、融资租赁服务、系统解决方案服务、总集成服务等新模式，提高产品质量和产品附加值。孩子王高下整合上游制造企业、物流服务企业资源，畅通供应链服务链的资金、信息、物流等资源，打造采购—仓储—配送—服务于一体的平台，提高制造产业服务化水平，是传统产业两业融合的标杆企业。

7.4 路径四：区域优势资源驱动型发展

7.4.1 成都打造两业融合示范区

经济技术开发区国家外贸转型升级基地作为省级"十大开放发展示范

平台"，积极发挥"链主"企业带动作用，探索集制造、研发、物流、销售等一体化发展机制，推动产业链垂直整合，并成功培育一汽惠迪、集商等服务化平台，推动经开区孵化园转型成为信息链服务商，成功培养了45家"两化融合贯标"的企业和34家本地的服务型制造业企业，其中吉利BMA项目被选为服务型制造的示范企业，为两业融合发展提供了一体化服务平台。成都经济技术开发区国家外贸转型升级基地把握数字创新机遇，以产业数字化、数字产业化为抓手，深化数实融合发展。一是围绕"节能、降耗、减排、增效"的方针，充分激活数据要素潜能，推进基础数据共享服务，搭建两业融合发展高速要道，以数字化培育新动能，鼓励发展智能工厂、个性化定制等新业态新模式，促进制造企业向高附加值服务环节延伸、服务型企业向制造领域拓展。二是通过加强数字制造，扩大数字供给，高水平打造"数字基建"，构筑融合发展桥梁。算力基础设施的建设规模正在不断扩大，已经建成了国家级的超算成都中心，完成"超算+智算+云计算+边缘计算"的多层次算力体系建设；积极推进新型互联网交换中心和工业大数据中心的建设，初步完成"一带一路"信息通信节点、数据中心以及国际信息港的建设，其数字基础设施和信息汇集的综合能力在全国范围内名列前茅。三是加速数字产业发展，致力于打造工业软件、集成电路、信息安全和人工智能新优势，同时也在布局元宇宙、区块链和卫星互联网等新领域，数字经济核心产业的增加值已经超过了GDP的12.8%；鼓励企业实施"两化融合"标准，使企业的管理和生产数字化水平得以提升。2021年，全市的"两化融合"水平达到65.3%，比全国的平均水平高出近13个百分点，数字研发工具普及率和生产设备数字化率均超国家平均水平，分别达到了86.8%和52.1%。

响应国家场景驱动创新发展战略，成都打造两业融合发展场景，实现从需求引导服务到创造需求的转变。成都具有雄厚的电子信息产业基础，具备丰富的大数据应用场景，依托天府超算中心，充分发挥数字化赋能作用，加大数据工厂、算力基础设施建设，为超前布局制造业数字化转型升级提供保障。成都将数字化场景创新延伸到各行各业，引领重点领域头部企业构建商务服务、教育问题、会展博览、产业聚落等"消费场景"，推动消费场景与生产环节的联动发展。成都川菜博物馆与郫都区产业园强强联合，推出沉浸式体验和个性化定制一体的新旅游模式，在传播川菜文化的同时，更重要的是促进川菜制造、食品加工制造产业升级发展。成都经开区还依托国际铁路港口运输优势，与工业园区协同发展，推动智能生产、智能物流运输与仓储管理的一体化服务。2023年，成都经开区实施四大融合改革，围绕制造业发展需求、产品消费、工业文化等领域，不断创新融合联动机制，多措并举推进制造业与知识密集型服务业融合互动，促进产业链向后端服务拓展延伸，打造两业融合示范区。聚集仁孚奔驰、华阳奥迪等品牌4S店、体验中心等40余家，成功举办各类汽车赛事、汽车文创活动10余场，策划发布工业旅游线路4条，"汽车+"产业形态逐步呈现。该区聚焦制造业前端、中端、后端和要素保障等重点领域，建立制造业与生产性服务业联动发展机制，定期对生产性服务业的发展需求进行动态评估，以促进检测、认证和物流等相关服务业的快速发展。成都经开区致力于建设一个国家级的检验检测服务业集聚区，落户国家汽车零部件检验检测中心、国家机动车污染控制与模拟重点实验室等多个检测类项目，共计聚集76家检测服务机构。为了促进经开区物流产业园的进一步发展，成都经开区鼓励物流公司向供应链一体化服务商进行转型和升级，同时也支持一批重点企业发展"互联网+物流"，建设共享仓储设施，实现物流资源共享，打造智能物流配送体系。围绕拓展产品市场特别是整车市场，成都经开区建立拳头产品分析研判、渠道拓展、销售促进等机制，探索整车制造企业"线上流量+线下体验"模式，引进仁孚奔驰等品牌4S店40余家，推动全区汽车4S店100%进入电商平台，促进汽车贸易博览产业加快发展。

　　成都经开区"两业"融合试点3年以来，全区建成孵化载体4万平方米、高品质科创空间40万平方米，新增国家级企业技术中心1家、省级研发平台38家，新增国家高新技术企业179家、同比增长87.7%。该区加快搭建发展载体、提升创新平台、培育创新主体，积极发展研发、设计等产业，为夯实两业融合发展奠定了坚实基础。成都致力于加强数智技术应用，构建涵盖"智能制造全产业链"的综合业务体系，并积极推动装备制造业在自动化、数字化和智能化方面的创新发展，推进新一代信息技术与传统工业深度融合。全方位推进智能制造的三年行动计划，以关键行业的数字化转型和综合赋能为起点，通过智能制造诊断服务、智能制造的试点示范、智能化改造项目激励支持等措施，来引导企业在研发、生产、管理和服务等多个环节中进行创新和应用，从而有效地提高生产效率并促进资源的协同优化。成都致力于建立国家级的绿色产业示范基地，并积极推进绿色低碳产品认证以及碳足迹的认证，旨在打造一个低碳的产业结构，努力推进节能环保和清洁生产等领域的专业技术服务，引导企业优化工艺，实现节能增效。例如，川开电气"智能光伏微电网系统"项目获批工信部智能光伏试点示范项目，斯普信和祥和集团的产品被列入国家工业及通信行业节能技术装备示范产品清单，全市单位工业增加值能耗近5年来累计下降超26%。成都致力于建设成为国家循环经济示范试点城市，推动再生资源回收体系和废弃物逆向物流交易平台的建立，以促进资源循环利用。同时，引导节能设备和通用设备制造企业从设备制造商转型为综合节能服务提供商，加速绿色低碳技术的研发和应用，探索建立碳中和实验室，逐步形成高效、清洁、低碳、循环的绿色制造体系。

目前，成都市在信息技术、物流、商务、金融、科技等方面与制造业融合态势显著。在信息技术与制造业融合方面，成都市重点发展系统集成、解决方案、运行维护、平台运营等服务。在物流与制造业融合方面，成都市形成了现代物流业由产业分立转向产业融合的模式，并正在探索物流企业全面参与供应、采购、分销、供应链一体化服务新路径。商务与制造业融合，搭建了制造业与互联网融合平台，企业与互联网融合发展态势良好，本土传统制造外贸企业通过跨境电子商务开展网络化定制销售业务。在金融与制造业融合方面，成都市中小型企业的投融资服务能力不断强化，供应链金融、绿色金融等服务助力制造业创新发展。在科技与制造业融合方面，成都市打造了一批覆盖全域和企业成长全过程的"创业苗圃＋孵化器＋中试基地＋产业化基地"科技孵化培育链，检测认证等生产性服务业与制造业的融合发展也逐步加深。依靠制造业的蓬勃发展，成都市入选首批"产业链供应链生态体系建设试点"，获批建设"成渝地区工业互联网一体化发展国家示范区"和"国家人工智能创新应用先导区"，获评"全国工业稳增长和转型升级成效明显城市"、"国家级服务型制造示范城市"，形成了较强的城市示范效应。

7.4.2 重庆兼顾多模式组合发展

重庆市作为我国重要的现代制造业中心，涵盖了 31 个主要制造业大类，构建了种类繁多、产品丰富的制造体系，并拥有全球最大的电子信息产业集群和国内最大的汽车产业集群。在新材料和装备制造等领域，重庆市积累了丰富的产业经验，为服务型制造的进一步发展提供了广阔的应用场景。近年来，随着"互联网＋"时代全面到来，重庆服务业与先进制造业深度融合发展取得显著成效。目前，重庆市已基本完成由国家老工业基地转型为国家重要现代制造业基地，并逐渐形成以人才评价为中心、以公共服务为支柱、以全链条生态体系为引领，独具特色的服务型制造创新发展模式。

为推动制造业和服务业互嵌融合，一方面，重庆市推动制造业向服务环节延伸，尤其是鼓励汽摩、电子信息、装备制造等本土特色优势产业，主动发展创新服务平台、个性化定制化服务、共享共建服务平台，同时不断强化 5G、云计算、大数据、人工智能等数字化技术在医疗康养、物流、城市服务、社区智慧管理等重点领域的应用，提升城市基础设施建设的信息化服务水平；另一方面，重庆市促进电商产业、文旅产业与制造企业的需求对接，采用委托生产模式，综合生产、研发、设计、销售、服务等全流程之间的关系，依托数字赋能，发展服务型制造业。如，重庆依托坚实的工业发展基础和深厚的人文底蕴，制造业+文旅业发展有巨大潜力和发展空间，支持工业历史园区挖掘工业文化，打造新型工业文旅产业，针对中小学生群体设置历史研学游、针对企事业单位设置党建研学游等，满足不同年龄段不同职业不同行业者需求，推动符合条件的工业园区打造市级国家级工业文旅基地，带来更大经济社会价值。重庆市在智能制造、绿色制造和服务型制造方面实现协同发展，加速推进数字化车间和智能工厂等示范项目的建设进程。重庆市服务型制造发展呈现多模式组合兼顾的特点，建有多个国家级、市级工业设计中心，产业集群不断涌现，高技术制造业等新兴动能不断释放，服务型制造对重点产业的赋能效果突出，为重庆市打造国家先进制造业中心夯实基础。重庆市实施了发展服务型制造专项行动，大力支持企业提供客户定制化服务、供应链协同管理、产品全生命周期管理服务和在线支持服务，创新多种服务型制造模式，形成了玛格家居和段记服饰、海装风电、山外山等一大批服务型制造典型企业案例。重庆市积极推动制造业转型升级，在智慧园区建设、企业服务化、产品服务定制化等方面取得明显成效。为了加快工业互联网的建设进程，陆续引入阿里飞象、航天云网、中移物联网等多个综合性的工业互联网平台，大力引导中小企业"上云上平台"，忽米工业互联网平台成功入选工业和信息化部"2020年跨行业跨领域工业互联网平台"，是中西部地区唯一的国家级"双跨"平台。

重庆市打造"制造+多元服务"模式，优势产业的重点企业结合自身发展基础和市场需求，以服务外包和拓展自身服务也为相融合的方式，拓展制造+数据、制造+信息、制造+软件、制造+平台、制造+金融、制造+管理咨询、制造+知识产权服务等模式；重点支持电子信息产业和新能源汽车产业龙头企业的数据服务、信息技术、软件支持服务，打造数字化转型典范，依托开放性创新平台，利用海量数据实时分析生产运营情况，优化生产流程，精准测试分析产品性能和质量，优化仓储系统管理能力，实现智能化生产运营和管理,以智能预测分析市场需求动态变化,适时调整生产运营和营销模式,最大化整合全市创新要素;针对中小企业业务服务范围的局限性,最大限度整合区域内生产服务资源,支持中小企业发展集产品研发设计、制造生产、运营管理、流通销售服务反馈于一体的模式,尤其是将数字化生产理念和数据等数字化技术贯穿服务理念,引进或自主搭建研发平台、需求对接平台、用户—技术人员—专家在线交流社区平台和互动平台,实现用户需求市场、企业产品和服务供给的精准匹配,提高平台综合服务效能;提供设备融资、供应链金融等定制化金融产品,降低交易风险;以服务外包方式,寻求第三方企业管理服务、数字化转型咨询服务、知识产权战略规划服务,从第三方视角更加客观全面把握企业技术创新趋势和市场合作机会,降低企业制造业和服务业融合成本。博腾制造和大龙网坚持服务外包发展,重庆大龙网致力于为通用设备制造业专用设备制造业设备制造业我电子设备制造业提供数字化服务,根据企业资源基础和市场定位,为其提供品牌文化运营模式金融风险投资分析服务,渠道选择与优化管理服务,构建包含智能选品、品牌文化服务、金融服务支持、线上线下十国内外定制化渠道服务为一体的服务平台。

7.4.3 辽宁挖掘区域制造特色优势

近年来,辽宁省积极寻求先进制造业与知识密集型服务业的融合发展之路,鼓励企业深化业务关联、扩展业务链条、加强技术渗透,培育具有辽宁特色的新型融合发展模式。《辽宁省国民经济和社会发展第十四个五年规划和2035年远景目标纲要》对两业融合的顶层设计进行了优化,明确指出要"加强服务业对先进制造业的支持作用,促进融合发展"。此外,辽宁省还发布了《辽宁省服务业"十四五"发展规划》,连续三年制定服务业高质量发展的相关政策。为深入落实上述要求,辽宁各地积极创新服务模式,构建省市协同、各部门合作的"横+纵"发展体系,大连市发布

《服务业助企相关政策措施汇编》，实现惠企措施精准匹配；营口港口金融创新试验区探索更多融资途径，推动实体经济增长，通过建立粮达网和东北粮网等金融平台，为100多家企业提供服务；沈阳铁西区人力资源产业园尝试区位互补、多城联动的新策略，建立大学毕业生就业联盟和创业联盟，建立直播带岗基地和"舒适就业"平台，开展灵活雇佣和共享雇佣等新雇佣模式。

辽宁省鼓励企业在其优势行业中进行创新和突破，全方位打造产业生态环境，在智慧化改造中引入互联网技术和大数据等现代信息技术，通过搭建智能化生产系统，无缝对接各工序。辽宁省大连市的海心山能源已经构建了一个以用户室内温度的精确控制为核心目标、基于数字化的供热管理模式的全网络自动操作控制系统，在现有智慧工厂基础上进行智能化改造和升级，形成了一套基于物联网技术的分布式远程监控体系；辽宁鞍钢集团鞍山烧结有限公司实施"一厂两区"战略布局，推进烧结自动化与信息化深度融合，实现生产管理精细化；辽宁省大连市的行健数控机械技术有限公司创建工业服务智能平台，旨在培养工业备件供应、检测和维护的一体化新模式；宝钢集团开发"大数据+云计算"模式下的钢铁企业供应链协同管理模型，实现生产与供应环节无缝衔接；大连市的亚明汽车公司专注于汽车零部件制造行业，致力于构建数字化、网络化和智能化的运营管理模式，旨在成为汽车零部件行业的工业互联网解决方案供应商；东软集团独立进行了基于虚拟化技术的新一代智能座舱的研发，为车联网产业的生态创新和发展指明了方向。

加速孵化平台的建设。为提高创新孵化质量，全方位融合北京中关村的创新服务观念和模式，在沈阳高新区打造以企业自主研发为主线的产业集群。沈阳高新区在电网运行方面进行智能化改造升级，实现状态检修、故障预警以及远程控制等多项技术突破，通过智慧化改造和创新应用，提升了产品性能质量，降低材料成本，具备了精确个性化定制服务的能力。目前，沈阳高新软件园已形成涵盖云计算、物联网、大数据、人工智能在内的数字经济发展格局，园区企业由传统制造转型为智能化运营，加强工业互联网的能力建设；紫光中德利用紫光沈阳工业互联网平台，为沈鼓集团构建全链条的"数字化生产"管理框架，弥补沈阳二一三电子在发展计划、员工管理、项目实施和安全监控方面的不足，提高沈阳兴华航空电器在供应链管理、内部协作、外部宣传以及决策分析等多个环节的运营效能。

融合发展服务创新要素，引导服务业企业向制造领域拓展。一是对"老字号"进行改革和升级，鼓励具有"老字号"背景的企业建立远程运维平台和专家系统，以实现企业从主要提供产品转型为提供"产品＋服务"，如沈阳市铁西区打造文化产业集聚平台和全域品牌形象工程，不断培育壮大工业文化创意产业。二是为满足制造业的普遍需求，加速培养一系列战略咨询、管理优化、解决方案创新和数字能力建设等功能的综合服务平台，鼓励企业从专注于装备制造转向提供系统解决方案的供应商，鼓励整机企业与产业链的上游和下游企业合作，为客户提供整体集成和全生命周期的总承包服务，并承接"制造＋服务"总承包项目，积极打造面向高端装备制造产业集群发展的综合服务平台，全力推动沈阳中关村创新大厦、工业互联网大厦、亿达智慧科技城、中南高科智慧谷以及工业互联网永久会址等多个科技创新平台的建设工作，构建区域性物流信息平台，将物流公司整合到制造业的采购、生产、仓储、分销和配送等多环节中，为客户提供采购、销售、供应商库存管理的全方位供应链服务，打造以高端装备制造为主的世界级先进产业集群，推动产业转型升级发展，推动沈阳市经济转型升级和高质量发展。三是打造智慧城市试点示范工程，提升产业信息化水平和服务质量，促进制造业与互联网深度融合。基于沈阳的生产服务型国家物流枢纽的建设，整合资源构建产业集群体系，从远程运维服务、集成总承包服务、智能化改造、数字化转型以及企业各级研发机构建设主要方向出发，推动区域制造业企业在服务环节上广泛延伸和拓展。

第8章

促进我国知识密集型服务业嵌入整合制造业的政策思路

在当前经济全球化和科技迅速发展的背景下,知识密集型服务业与制造业的融合正逐渐成为推动制造业转型升级的关键动力。本书前述章节的研究分析表明,我国的制造业尽管总量规模上已跃居世界首位,是名副其实的制造业大国,但主要优势仍体现在中低端制造业,在高端制造业领域与发达国家依然存在明显差距,这意味着我国未来的产业政策必须着力于促进知识密集型服务业对制造业的嵌入整合,以实现对传统制造业数字化、网络化、智能化的改造升级,从而全面提升我国制造业的国际竞争力。因此,本章将在前述理论分析与实证研究的基础上,就我国知识密集型服务业如何进一步嵌入整合制造业,促进制造业转型升级,进而推动经济高质量发展提出相关的政策建议。

8.1 新时代两业融合的新要求

8.1.1 新质生产力形成对两业融合的新要求

目前,在新一轮科技革命和产业变革加速发展趋势下,全球已进入了加速创新的时代，尤其是在大国竞争愈发激烈和地缘冲突频发下，科技创新成为各国抢占竞争优势的关键因素（徐政和张姣玉，2024）。对此，加速形成新型生产力是推动制造业深度转型升级的关键动力，既符合我国当前经济高质量发展的需求，也契合全球产业战略布局。

2023年9月，习近平总书记强调："积极培育新能源、新材料、先进制造、电子信息等战略性新兴产业，积极培育未来产业，加快形成新质生产力，增强发展新动能"，"整合科技创新资源，引领发展战略性新兴产业和未来产业，加快形成新质生产力"。2024年1月，习近平总书记在中共中央政治局第十一次集体学习时强调，加快发展新质生产力，扎实推进高质量发展。2024年3月5日，李强总理在政府工作报告中强调"大力推进现代化产业体系建设，加快发展新质生产力"。习近平总书记提出新质生产力由技术革命性突破、生产要素创新性配置、产业深度转型升级而催生，以劳动者、劳动资料、劳动对象及其优化组合的跃升为基本内涵，以全要素生产率大幅提升为核心标志，特点是创新，关键在质优，本质是先进生产力，具有高科技、高效能、高质量特征。地方积极响应国家发展需求，从技术、产业、人才、政策环境等方面制定具体举措，加快形成经济发展新动能，推动新型生产力的高效增长。例如，江苏已经提议要加速建立一个以先进制造业为核心的现代产业结构，加强科技创新的领导作用，并持续培养新的生产力；广东正在积极地进行建设"基础研究+技术攻关+成果转化+科技金融+人才支撑"全过程创新链；2023年黑龙江着制发落实《黑龙江省加快形成新质生产力行动方案（2023—2026年）》系列政策，全面激活创新驱动力；河北以科技创新为引领，以工业制造业为支撑，在新赛道上加快培育壮大新质生产力，重点布局建设"986"产业集群，即9个重点支持的产业集群、8个重点培育的产业集群和6个未来产业发展方向。雄安新区、石家庄、廊坊等地正在规划和发展空天信息、前沿新材料、绿色氢能等六个未来产业方向，积极推进未来产业场景的应用和迭代示范。

制造业不仅是国家经济的基石，而且在现代产业结构中占据了核心定位,其稳步发展对科技进步、就业、经济增长和国际竞争力有着重要影响。在新旧动能转换中,新质生产力实现了制造业资源优化配置,推动了生产流程改造与创新增强了资本与技术紧密结合。新质生产力作为信息技术、生物技术、材料科学等领域突飞猛进发展的综合体现,不仅包括新技术,还代表了一种全新的生产和组织方式,涉及社会经济活动和产业发展的多个方面。一是,新质生产力通过智能化生产系统的集成,运用智能化、数字化手段重塑了制造业的内部结构和外部连接,提高生产过程的灵活性和适应性,增强制造业客户响应能力,使其能够提供定制化和个性化产品(韩文龙和李艳春,2023),优化企业生产模式,推动制造业向客户中心化及服务导向型发展,从传统的生产导向模式转向以服务为导向的模式转变(杜传忠,2023),进一步拓展了制造业的业务范围(王欢芳等,2023)。二是,新质生产力推动技术创新与商业模式协同创新。信息技术广泛应用,数据逐渐成为连接制造业与服务业的纽带,因此,企业深度分析大数据,洞察市场与消费趋势,将信息流转化为价值流,推动产品创新和服务创新相辅相成,实现供应链精准、高效与智能管理。进一步,制造业服务化所体现的是对生产过程的再界定,实现服务业的知识和技术要素与制造业的生产运营环节交织融合,使得制造业逐渐转变为一种融合性的服务输出,这不仅包含实体产品,还包含各种与之相关联的服务性内容,如设计、研发、维护、运营等多元化服务,共同构筑起新的产业生态,从而产生协同效益。三是新质生产力在促进生产过程和运营流程智能化、信息化的同时,从单纯的产品供应商转型为提供全面解决方案的供应商,形成新模式。这不仅更能满足客户需求,还将实现制造业与客户间的价值共创,拓展了制造业业务边界,促使制造业在全球价值链中向更高端环节迈进。

为促进新质生产力赋能制造业转型升级,促进两业融合,既要把握产业发展规律和趋势,又要综合政府和市场"两手抓"的协同作用。一是认识到积极发展战略性新兴产业和未来产业是新质生产力发展的必然趋势。未来产业代表了科技发展的方向和趋势,为经济发展和社会进步带来新动力和新机遇。当前，新型的生产力正在逐渐崭露头角，新质生产力构成了战略性新兴产业以及未来产业发展的基石和支柱，同时，战略性新兴产业和未来产业也是新质生产力持续发展和应用的关键现实场景和表现形态。因此，新质生产力作为战略性新兴产业以及未来产业增长的基石，同时未来产业发展也推动了新质生产力的不断发展与应用。尤其是随着全球新一轮科技革命和产业革命蓬勃兴起，数字技术、网络技术、人工智能、大数据和生物技术等领域的进步，展现出了高度的技术含量和附加价值，以互联网为代表的信息技术深刻改变着人类生产方式、生活方式以及思维模式，提高了生产效率，同时也为社会创造了更多的工作机会和财富，也深刻影响到经济社会各个领域，促进新能源、新材料、智能制造等领域产业加速升级转型。二是政府需在宏观调控中充分发挥其职能作用，确保经济发展的连续性和稳定性。在现代经济体系中，新质生产力成为推动制造业转型升级的关键动力，宏观经济政策调整和产业指导策略的制定，能够为新质生产力的发展和产业的转型升级提供有利的经济环境。此外，在全球化背景下，各国政府在促进制造业国际合作和技术交流的环境方面发挥关键作用，通过建立开放型经济的新机制，通过完善制度法规，为制造业参与国际合作和获取全球创新资源创造了必要的条件，为增强新质生产力的国际竞争力提供有力保障。三是充分发挥市场在资源配置中的作用。完善的市场体系为资源的自由流动和高效配置提供了坚实的制度基础，如开放透明的资本、技术和劳动力市场，能够促进关键生产要素在多领域广泛流动，推动制造业向智能化、绿色化、服务化方向发展。对此，企业应利用市场机制，增加研发投入，强化技术创新和应用，提升其在市场竞争中的核心竞争力。同时，政府应适时调整在市场经济中的角色，依法设定规则而非直接干预市场，以免扰乱市场机制调控作用。此外，加大激励市场主体，通过税收优惠、财政补贴等方式鼓励企业进行科研创新活动，提高自主研发的意愿和能力，保证市场机制作用能够充分发挥，支持制造业的转型升级，有效推动新质生产力的发展，最终实现经济可持续发展。

8.1.2 产业数字化转型对两业融合的新要求

现阶段，我国的制造业和服务业数字化转型在稳步向前发展，制造业与服务业的深度融合是推动产业结构向更高层次转型的关键因素。为了促进中国制造业从规模扩张到实力增强，《中国制造2025》强调了加速制造与服务融合发展，这不仅是制造业和服务业转型发展的关键方向，也是在服务经济时代背景下现代产业发展的主导趋势。数字技术是促进制造业与服务业相互渗透、协同创新的重要驱动力之一。数字技术普及将不断调整重塑现代产业结构。《"十四五"数字经济发展规划》强调了利用数字技术来推动产业整合发展。伴随着新一轮科技革命和产业变革加快发展，制造业和服务业之间的边界逐渐模糊，制造业正在向"生产+服务"模式转变，与此同时，服务业生产流程也显现出制造业的独特特征，制造业与服务业融合已成为全球产业发展趋势，加速打造将先进制造业与现代服务业紧密结合的现代化产业结构。习近平总书记在党的二十大报告中明确指出，加速"数字中国"的建设进程，数字技术作为一种新工具和手段已经广泛应用于社会生活各个领域，成为经济社会创新变革的强大引擎，促进了生产方式转型升级、生产组织方式深刻变化以及产业结构优化升级。在数字经济背景下，数字技术作为一种新的生产要素不仅是培养战略性新兴产业和未来产业的技术支撑，同时也是形成新质生产力的关键技术基石，已成为各国增强竞争力的关键。近年来，我国数字技术的发展已经取得了瞩目成就，人工智能、大数据和物联网等数字技术显著地降低了经济成本，有效地连接了价值链中的制造环节和服务环节，促进制造业和服务业跨界融合（史丹，2022）。因此，深入了解数字技术在推动制造业与服务业融合发展方面的作用，对于中国数字经济的健康成长以及构建先进制造业与现代服务业深度整合的现代产业结构尤为重要。数字产业化的核心理念在于核心数字技术的创新和大量数据信息的采集与应用，意味着把数字知识和信息转变为生产的关键要素,激发数据要素的价值创造活力,以技术创新作为推动力,为产业数字化发展提供新产品、新服务、数字基础设施与数字化解决方案。人工智能、5G、大数据和物联网、区块链、信息技术制造业、前沿新兴产业等数字产业构成了数字经济的基础,在现代产业结构中,生产性服务业是最早采纳数字技术的领域,数字产业化与生产性服务业的技术革新之间存在紧密联系。数字产业化带来的数字技术创新升级及其衍生出来的数字创新产品及服务,加速迭代数字技术创新,减少经济成本,促进生产性服务业与制造业向网络化、数字化以及协同融合的方向发展,为生产性服务业与制造业的融合提供基础保障。

随着物联网和人工智能等数字技术的进步,传统制造业开始向数字化转型升级,以信息化带动工业化,带动服务终端功能变化,重塑服务流程和结构,为制造业提供更高效更新颖的智能服务、商业模式和管理解决方案,加快制造业服务化进程,推动两业融合发展,进而推动整个国民经济快速健康发展。数字经济时代,数字技术打破了时间和空间的限制,促进了各种要素和资源互联流动,有助于实现信息技术广泛传播和扩散,在一定程度上节约了研发设计成本,加强产业间沟通交流,使得产业间的技术边界趋向模糊,促进两业深度融合。此外,产业数字化意味着将核心的数字技术完全融入传统产业,促进传统产业向数字化方向转型,重塑企业生产流程、工艺和管理方式,从而提升企业的全要素生产效率,并推动传统产业在全球价值链中达到更高的地位。产业数字化作为经济发展新常态下实现产业结构优化升级的必由之路,是通过数据、数字技术和数字基础设施来实现的。制造业能够利用数字平台获得消费者需求信息,缩短与用户时间空间上的距离,运用云计算和大数据分析等先进的数字技术,量化分析用户需求、消费习惯和消费体验,并将这些用户的观点整合到产品的设计和开发中,最终通过数字化车间和智能工厂实现个性化的制造过程。新一代信息技术的广泛应用为制造业和服务业的融合发展提供了巨大可能性(杜传忠和侯佳妮,2021),随着信息技术的不断发展和应用,制造业企业采用物联网、人工智能和大数据分析等数字化技术，提高生产效率、优化生产流程和实现智能制造。数字经济发展通过促进技术融合、产品融合和市场融合，推动制造业的全要素生产率提升（王卫和李雨晴，2024），不仅推动了制造业的转型升级和产业结构的优化，还为经济的持续增长和提高国家竞争力奠定了坚实的基础。技术融合方面，在推进两业技术融合的探索阶段，制造业会不断加强研发力度，提高新技术创新活跃度，由此引发的技术创新效应必然促进制造业全要素生产率的提升；产品融合是指数字经济与制造业在产品设计、研发和服务方面的融合，在销售新型产品以及后续的多元化经营过程中，制造业根据两业融合调整业务流程和组织模式。数字技术的广泛应用使得制造业可以开发出更加智能化、个性化的产品，智能穿戴设备、智能家居产品等数字化产品的出现，改变了传统制造业的生产模式，产业间的业务流程将更加高效和智能化，进而可以加速制造企业新型融合产品的生产和销售，提升了产品附加值和市场竞争力，进而推动全要素生产率的提升；市场融合是产业融合的最后阶段，市场融合是指数字经济和制造业在市场营销、渠道拓展等方面的融合。数字经济提供了新的营销渠道和销售模式，如电子商务平台、社交媒体营销等，使得制造业可以更好地与消费者进行互动和沟通，了解市场需求，快速调整生产和销售策略。同时，数字化技术还可以实现供应链的信息化管理，数字经济发展进一步改变了市场交易机制，大数据、互联网等新兴技术和平台在一定程度上降低了市场要素错配程度及市场交易门槛和成本，模糊了市场交易边界，市场交易频率的增加会再次驱动新的融合产品和服务的产生，如此循环往复，两业市场融合程度会逐渐加深，最终实现产业融合而提高制造业全要素生产率。

服务业也在积极应用数字化技术，如移动支付、电子商务和在线服务平台，以提升服务质量、拓展服务范围和改善用户体验，数字化趋势促进了企业创新发展，也为我国经济的转型升级提供了新的动力和机遇。数字化服务产品基于新技术如云计算、大数据、人工智能等，呈现智能化、安全性高、扩展性良好、成本低效益高、全方位支持等多种特征，能为企业提供智能化的服务和决策支持。同时，数字化服务具备充分的灵活性和可扩展性，可根据企业的具体需求进行个性化的定制，以低成本、高效益的方式为企业提供全面支持和服务，通过订阅服务模式降低了数字化转型的成本和风险。生产性服务业在生产过程控制、产品定制加工、供应链整合等方面进行创新，以适应市场变化，提高自身竞争力。这不仅提高了生产服务业和制造业的数字化水平，还从供应和需求两个方面对产品和服务提出了更高的标准，从而增强了两业全要素生产效率。随着制造业向智能化和定制化的方向发展，生产性服务业将面临更大规模和更高级别的需求，产业数字化将有助于推动柔性制造、共享制造和服务型制造等新业态和模式的发展，从而提升制造业服务化程度，进一步促进制造业产业结构的优化升级，增加制造业产品的附加价值，并促使制造业向微笑曲线的两端扩展。

数字经济的发展加速了数字技术创新，数字技术通过赋能传统技术创新，打破了两业之间的技术壁垒，从而促进产业融合。在数字时代下，技术整合是数字经济与制造业结合发展的关键所在，代表了产业之间相互渗透和融合的初始阶段，通过将信息技术、通信技术、人工智能等数字技术与传统制造业相结合，智能制造技术可以实现生产线的智能调度和管理，提高生产效率和产品质量。数字化技术还可以实现数据驱动的生产优化，通过数据分析和预测，优化生产计划和供应链管理，提高资源利用率和生产效率。因此，产业数字化的推进使得工业互联网、大数据、人工智能等数字技术在生产性服务业及制造业得到广泛应用，促进了其数字化信息化转型，激发了新的消费需求。通过构建面向客户定制的"云+网"协同平台，有助于企业更精确地匹配市场需求，从而增加制造业的有效供应，使得产品在设计和销售过程中协同推进，以满足消费者多样化的需求。在数字化转型的过程中，制造业企业不仅需要生产性服务业提供单一的服务，还需要提供完整的产品技术应用方案和数字化设备的全生命周期管理。随着服务业向制造化方向发展,制造业在服务业中的应用也将从供应端对生产型服务业产生一定的影响,促使生产性服务业更加重视高端ICT技术的应用,减少中低端技术制造品在生产性服务业的投资,同时鼓励服务业采购高端和尖端的装备产品,从而推动服务业更快地走向智能化和数字化。生产性服务业嵌入制造企业的方式使生产性服务业逐渐采用更为高端的数字技术和现代化经营管理方式,加快其数字化智能化发展步伐,使其逐渐向标准化操作、连锁化经营、工厂化生产和现代科学管理转变。因此,通过升级服务业的需求结构,可以促使服务业在其内部进行技术创新,加速生产性服务业向专业化和价值链高端的延伸,从而提高生产性服务业的整体发展水平,加速两业融合发展。

8.2 坚持科技创新驱动发展,夯实两业融合发展基础

加大技术创新力度,强化科技支撑。随着经济全球化趋势加快,我国制造业与服务业正处于深度融合阶段,在此过程中,要高度重视数字化转型在推动制造业与服务业融合方面的关键作用,依托数字技术推动传统产业向智能化升级,增强两业融合能力。目前,数字技术迅速扩展并被广泛应用于多个行业,智能制造、电子商务和云服务等新业态层出不穷,在此背景下,要做好顶层设计,建立有效机制,加快推进制造业与服务业数字化转型进程。

借助5G、大数据和物联网等技术,实现采购、生产、流通和服务各个环节的紧密连接,促进制造业和服务业资源整合,从而实现产业数字化转型和产业间创新融合。随着数字信息技术不断创新,其影响已经深入制造业各个领域,这不仅促进了各种产品和服务之间的紧密连接,还推动了业务流程创新,降低了制造企业在提供服务时的技术门槛,从而有效地突破了产业整合过程中的技术障碍。同时,数字技术可以提高企业内部运营管

理能力和创新能力,增强企业在行业内竞争力。作为一项普遍应用的技术,数字技术有能力推动企业在基础设施和组织结构方面做出适当的调整,从而促成经营模式的全面变革。同时,利用先进的信息手段和技术手段,可以有效提高各业务单元之间协同运作能力,优化资源配置,通过对研发、财务和人力资源等关键生产活动进行数字化改造来实现,实现从制造能力向研发能力的快速转变。推动各企业运用尖端数字科技手段,通过高技术含量和高附加值的生产服务来推动制造业中的智能芯片、超精密加工、工业软件和3D打印等核心技术的研发和突破,从而提高产品技术含量和产业链竞争力。

打造创新平台,推动要素流动共享。一是完善创新孵化公共平台,增强科技孵化公共平台的催化剂作用。政府应统筹建设以云计算中心、数据中心与存算中心为代表的数字平台,持续推进数字基础设施建设,赋能产业传统生产模块数字化变革,促进制造业产业链现代化(韦帅民,2024)。二是致力于构建制造业与服务业融合的广泛应用场景,创建智能车间、智能工厂和智慧供应链等智慧生态平台,以及具备广泛连接、实时数据采集、智能分析和控制功能的制造业与服务业一体化融合平台,鼓励企业提升其在咨询设计、远程运维以及项目运营管理等方面的数字化服务水平,拓展智能制造系统集成服务和信息技术集成服务,在数字化应用场景和领域提供"硬件+软件+平台+服务"的数字化集成系统。三是利用制造业数字化转型契机,推动与之相关的法律、会计、审计、咨询、信用、公证、标准和知识产权等多个专业服务业的发展,并致力于培养一系列具备全球服务能力的数字化专业服务企业,鼓励制造业企业在不同领域和地域之间进行合作,创建大数据联盟等产业链的合作机构,加强数字化专业服务企业"从战略到执行"的综合服务能力建设,推动数字化专业服务的标准化,以实现智能巡查、潜在风险的预警以及设备档案的云端化存储和查询管理等全生命周期的自动化运营。

提高知识密集型服务业人才质量。人才是知识的创造者、推动者和传播者，在知识密集型服务业的发展中，人才起到了至关重要的作用，为进一步提高知识密集型服务业人才储备，一是鼓励并指导知识密集型服务行业的从业者，根据市场的需求，不断完善知识体系，学习新技术并吸纳新知识，并努力提升专业能力和整体素养。二是加大对高端技能型人才队伍建设的政策支持力度，加快构建以政府为主导，行业组织和职业院校共同参与的人才培养机制，为了满足重点产业的需求，建立"两业"融合的人才需求数据库，并鼓励高等教育机构和职业学校有针对性地培养具有融合视角和跨行业实践经验的"制造+服务"复合型人才，形成产教深度融合局面。三是深化与高校研究院所合作关系，为推进制造业转型升级提供智力支持。为满足我国数字经济和两业融合的发展需求，加速相关学科的专业布局和结构调整，并鼓励高等教育机构提交相关专业的申请，积极支持数字经济和制造业领域的"新工科"发展，推动高等教育向应用型转变，为制造业中的专业人才开辟职业成长的路径，提高学生就业质量和竞争力。此外，推动产学研结合，加强企业技术创新中心建设，不断加深我国各个地区产教结合，培养一群精于智能制造、数据科学及管理科学的数字复合人才，并积极推进学校与企业的人才合作培训，吸引并培育既具备数字技术能力又有深厚工业背景的科技先锋、杰出工程师和管理创新者，以增强人才的支持。推动人才评估与招聘策略之间的紧密结合，超越身份和学历的束缚。四是政策层面，建立有效的人才评估和资格审核体系，积极吸引国内外知识密集型服务行业人才。鼓励高等教育机构和科研单位的科研人员参与服务领域的技术创新，致力于培养和吸纳在服务和制造行业都具有专业知识的人才，以促进知识元素的创新、应用和吸纳，从而推动中国制造业的持续创新，提高知识密集型服务业的技术化、信息化水平。此外，为了吸引更多的国际顶尖高技能人才，政府需要进一步完善人才引进相关政策，增强人才引进力度，提高各类人才在不同类型生产性服务业和制造业的岗位匹配度，最大限度发挥各类人才的专业能力。

8.3　创新两业融合多元模式，延长两业融合价值链

引导制造业企业转变生产模式，推动制造业服务化，以制造业为突破口促进两业融合（盛一名，2024）。一方面，加强对战略性新兴产业的扶持力度，培育两业融合发展新动能，通过税收减免、财政补贴、研发资金支持等优惠政策，降低战略性新兴产业关键技术的研发成本和市场准入门槛，通过政策倾斜加大对战略性新兴产业的资金投入，设立产业基金、风险投资等引导公共资金和社会资本投资，为新兴产业提供充足的资金支持，为制造业高质量发展奠定基础。另一方面，鼓励中小型制造业企业和"链主"企业科技创新，加速科技研发增强高端制造业核心竞争优势，进而推动制造业创新升级，同时利用智能制造技术提高生产效率，加快传统制造业向现代制造业转变。

依托前沿技术支持服务业向制造领域拓展应用。在当前"大众创业、万众创新"的背景下，为促进我国制造业转型升级，推动智能制造发展，需要加快培育和发展知识密集型服务业。一方面，各企业迅速整合云计算、大数据、物联网、虚拟现实和区块链等前沿技术，以提升生产制造效率和精度；持续加大对互联网金融、云计算、大数据、物联网的研发投入力度，促进信息技术和实体经济深度融合，着力突破一批关键核心技术；另一方面，为了加强基础软件和工业软件技术的研发，围绕国家的重点基础科学研究课题和前沿领域，着力支持大型基础设施建设，规划并建设人工智能创新应用的先导区，鼓励智能电网、新能源、节能环保和大型机械制造企业采用数字化和模块化技术，构建集"硬件+软件"与"平台+服务"于一体的综合系统。在智能电网、通信和智能交通等具有优势的行业中，加速规模化应用的形成，并积极推动人工智能与其他行业的融合创新。

发挥"多链融合"作用，培育两业融合发展新模式新业态。一是整合

技术链和创新链,把握人工智能技术创新机遇,在智慧城市、智能工厂、智能零售和智能服务等关键领域,持续推动人工智能应用的试点工作,全方位地培养"AI+"的新业态和新模式,以提高整个产业的智能化水平。二是围绕产业链部署创新链、围绕创新链布局产业链。立足于两业融合重点扶持产业,围绕产业链部署创新链,提升两业融合核心竞争力。聚焦知识密集型服务业薄弱环节和主要发展需求,从补链、强链、延链着手部署两业融合发展重点任务,推动两业融合产业重大科技成果应用及产业化;围绕两业融合关键技术创新,围绕创新链布局产业链,重点围绕新一代人工智能、物联网与工业互联网等战略性新兴产业和未来产业,推进基础研究、应用研究、成果转化与产业化对接,培育壮大新产业新业态。三是推动"金融+产业"的深度整合,促进金融服务创新。引导金融为产业提供资金流通、资源整合和价值增长等提供服务,建立数字化金融服务和金融科技(FinTech)平台,设计和推广科技创新贷款、技术创新基金等新型金融产品,为企业提供数据分析、智能决策支持等服务,帮助产业企业优化财务管理和风险控制,从而促进科技创新和项目投资;鼓励企业、金融机构、科技公司等不同领域的主体通过联合研发、共享技术和市场资源进行跨界合作,支持科技企业和创新项目的发展,实现创新技术的商业化应用;此外,通过制定优惠税收政策、创新监管机制等支持产业与金融融合发展的政策措施,推动金融监管创新,适应科技创新快速发展和金融服务的多样化需求;加强产业与金融融合发展过程知识共享,培养具备产业和金融双重背景的专业人才,促进科技创新和金融服务的跨界交流与合作,为创新企业和项目提供全方位智力支持。

8.4 挖掘多元主体发展潜力,激活两业融合发展新动能

发挥"链主型"企业的引领作用。挖掘多元主体发展潜力是涉及不同

类型企业的协同创新的复杂过程，其中"链主型"企业作为产业链核心，拥有资源丰富、技术领先的优势，在两业融合发展中扮演重要地位，通过战略定位、技术创新、资源整合、跨界合作等加快培育一批拥有关键核心技术的产业链引领性企业，引领行业发展，提升产业链的整体效率和竞争力。一是，"链主型"企业利用自身技术和资源优势，通过构建产业联盟和进行技术合作等多种途径，在技术、产品、服务等领域持续形成突破，推动新技术、新产品研发应用，激发产业链创新活力，壮大重点产业的集群规模，深化制造与服务全产业链融合，推动产业链持续向高端攀升。二是，鼓励"链主型"企业进行生产流程再设计和技术升级，培养一系列行业领军企业，形成行业示范效应，并构建行业内互补、合作和差异化的综合发展模式。行业骨干企业通常拥有丰富的行业经验和资源积累，在业务模式、管理体系、技术应用等方面具有较高水平，鼓励"链主型"企业发挥集成优势，强化应用示范，鼓励非核心环节社会化资源配置，引导行业内其他企业积极参与，形成合理化分工，引领其他企业向两业融合发展迈进，从单纯的产品制造者转向提供系统解决方案的供应商。三是，链主型企业也支持龙头企业采用"以商引商"策略来吸引上下游关键企业，引导中小企业以资本为纽带组建产业链协同创新网络，实现资源共享、优势互补，在遵守反垄断等相关法律法规的基础上，鼓励企业通过合并、重组和产权转移等手段，实现跨区域、跨领域和跨业态的发展，从而推动产业集群的健康发展。四是，在技术高度成熟且竞争激烈的行业中，以行业骨干企业为引领，推动中小企业集群化发展，实现区域经济一体化。行业领军企业在技术革新、管理方法创新以及市场营销策略等多个领域深入研究和实际应用，推动整个行业向更高层次的转型和升级迈进。此外，行业骨干企业还可以通过开展培训、分享经验等方式，帮助中小微企业提升自身水平，促进产业链整体提升。

持续支持中小企业发展，激活中小企业成长潜能。一是进一步加大对中小微企业的政策扶持力度，加快构建支持中小企业健康发展体制机制。

在我国的经济体系中，中小微企业扮演着至关重要的角色，是两业融合发展的核心动力。政府可以通过优惠政策、金融支持、技术培训等方式，激发中小微企业的发展活力，对于满足要求的稳定增长的企业，提供高端精密产业发展资金支持。同时，可以通过建立产业园区、科技孵化基地等平台，为中小企业提供技术支持、市场拓展等服务，帮助它们更好地融入两业融合发展的大局中。为鼓励中小企业数字化转型，将符合条件的工业互联网供应商纳入中小企业服务券支持清单，并给予不同级别奖励。二是鼓励中小企业利用其强大的市场适应能力，深入挖掘细分市场、重点推出组合产品。充分利用优质中小企业的示范和引导作用，引导中小企业沿着专业化、精细化、特色化的新发展路径前进，同时培养一系列专精特新企业和专精特新的"小巨人"企业。三是加快智慧城市建设，推进智慧园区建设和管理，打造"智能+"新型经济形态。以整个城市产业布局为核心，重点关注产业园区发展，促进各种规模的企业之间的协同发展，进一步完善服务结构，提高服务效率。

提高创新平台服务效率，激发两业融合活力。在两业融合发展过程中，创新平台起到了至关重要的作用，目前我国已初步建成一批具有一定影响力、特色鲜明的服务平台，尤其是在推动高校院所、行业龙头企业整合创新资源，设立产业驱动型孵化器和开放式创新平台方面取得显著成就，为推进两业融合提供了有力支撑。创新平台为技术创新、人才培养和资金支持提供了平台服务支持，为充分利用创新平台的集聚力、广泛的辐射性和精确供需对接特性，推动各类创新平台向更广泛领域拓展，需要强化包容审慎和规范监管力度，增强创新平台服务水平和效率，积极鼓励平台经济朝着规范、健康和持续的方向发展，深化与各企业合作关系，从而为企业提供更专业和个性化的服务体验，引导创新平台共同努力构建产业发展生态环境。同时，加强平台领军企业的规模和能力，及其对整个产业链的影响，鼓励平台企业利用其市场数据优势和领域整合创新能力，推动集中采购、定制化生产、协同物流和新零售等新业态发展，加强企业之间合作交流，此外也要强化风险管理和人才激励力度，引导创新人才充分发挥主观能动性，确保平台运行稳定性安全性持久性，实现规模经济效益，并显著提升品牌的影响力，打造健康产业生态。

8.5 推动区域协同发展，拓展两业融合发展空间

厘清地区差异，助力制造业高质量发展（曹兴和刘新琨，2024）。根据区域资源基础禀赋，针对地区差异化产业结构因地制宜，精准施策（王欢芳等，2024），提升地方产业整体竞争力和附加值。一方面，强化一线和新一线城市人才、资本等要素的空间溢出，促进临近地区实现两业融合效率提升。针对地方产业发展需要，吸引外资企业入驻，引入先进技术和管理经验，同时加强市场准入和竞争环境监管，保障各类市场主体的公平竞争权益，促进先进制造业与信息服务业向更高水平发展。另一方面，完善帮扶机制，加强区域联动发展，发挥近邻效应。在进行全方面发展的同时应优先补齐短板，考虑资源配置倾斜，提高中西部地区效率水平，加强与邻近区域的创新合作，逐步打破融合创新各环节之间的壁垒，实现优势带动、区域之间有效联通，从而促进区域两业融合效率高效协同发展（王玉梅等，2024）。

优化空间布局，加强区域产业融合升级。一是加强省际毗邻地区和产业合作园区建设。我国各地中心城区仍然承担着集聚人口和资源的重要功能，但其对非城区、毗邻地区的辐射带动作用逐步弱化，对此，从产业链网络化分布入手，按照"点—轴"空间模式进行产业布局和功能整合，支持龙头企业发展上下游服务生态圈从而带动产业链上中小型企业发展，以全面增强欠发达区域高质量发展动能，并通过城市圈、城市群和产业带三个层次构建具有强大辐射效应的现代服务业网络，形成高效有序、分工合理的新型空间布局结构。二是锚定本地资源优势，建立跨区域产业协调机

制。优化空间布局是提升城市竞争力的关键，针对不同地区间产业融合进程的差异，建立跨区域产业合作平台和协调发展机制，鼓励企业间技术交流和合作，推动产业链跨区域整合；同时建立起政策沟通机制，协调各地政府间的政策配合，降低跨区域合作壁垒，提高融合效率。此外，两业融合水平较低的地区为了加强与融合程度较高的地区企业之间的合作关系，应强化优势产业集群，并围绕已有的重点行业，稳健地推动智慧供应链体系的发展，同时促进制造业供应链向产业服务供应链的转型（宾厚等，2024）。三是消除地方保护主义，实现区域均衡发展。确保地方与国家宏观政策一致，减少政策碎片化，并通过法律手段限制地方保护主义行为，提高地方保护主义的法律成本，为增强地方合作提供法律保证；推动公共资源平台和基础设施建设，尤其是交通、信息通信的连接，实现创新资源、信息资源等公共资源的共享，推动基本公共服务均等化，缩小区域间公共服务差距，缩小两业融合发展差距。

增强对西部地区知识密集型服务业的政策支持。由于我国独特的国情和地理条件，西部地区服务业以劳动力密集型为主，其经济增长和劳动力状况低于全国平均水平，产业发展滞后。为实现西部大开发战略目标，各地区在积极响应产业转移政策，拓展本地制造企业发展空间前提下，东部地区应适当向中西部转移部分传统制造企业，为发展先进制造业释放空间，从而带动西部地区加快建造知识密集型服务产业园，以企业并购等方式接纳原有东部企业，促进本地产业转型升级。政策方面，要以财政和金融支持本地知识密集型服务业发展，改善行业垄断现状，增加基础设施投资，还应优惠政策和资金支持高素质人才培养和引进，提供咨询、物流和信息平台支持，提升劳动者知识水平和专业能力。同时，以数实融合为契机，西部地区应当在产业承接中转型、在转型中实现升级，不断完善产业基础、丰富产业门类、延伸产业链体系，不断提升中高技术产业占比，为两业融合发展提供产业基础，以此，加快西部地区产业结构优化升级，推动西部地区经济社会全面协调可持续发展。

加强统筹规划，弥合地区间的"数字鸿沟"。一是对数字经济发展缓慢、两业融合水平较低、经济欠发达地区实施政策倾斜。经济欠发达地区在数字基础设施等数字化投入要素方面缺乏充足的资金支持，中央及各级政府可以通过转移支付、资金激励等方法来降低其转型成本，为当地企业提供均等的数字介入机会。对于法治环境较差的地区，地方政府应完善法律法规，以法治化来规范数字化，为数字经济健康发展提供法治保障。二是各区域应根据其产业结构、资源条件等进行不同程度的数字研发投资、人力投入，持续推动重点区域数字经济发展并发挥其辐射作用，推动两业融合高质量发展。其中拥有良好数字经济基础、经济较为发达的东部地区，应率先承担起关键核心技术突破的任务，着重加强对新型数字技术的开发创新，充分利用东部地区在经济、产业和创新方面的优势，利用上海、浙江、广东在数字化建设方面的推动作用，加速建立具有全球影响力的数字技术中心，提高数字经济的发展水平，并通过溢出效应和扩散效应，促进周边地区乃至中部地区的数字技术创新，从而推动两个行业的融合发展。数字经济欠发达的中西部地区，需要发挥自身资源和地理优势，依靠政府和市场完善数字基础设施建设，加强对人力、资本等的保障力度，利用其土地价格优势及环境优势，加快构建全国大数据服务中心，加快落实"东数西算"工程，打牢数字经济发展的根基，形成我国特有的数字经济发展结构，缩小地区之间的数字鸿沟，逐渐形成全域数字经济与两业融合高质量发展的格局。三是充分利用数字化转型在制造业和服务业融合方面产生的空间溢出效应。高度数字化转型地区具有辐射效应，会带动周边低水平地区制造业和服务业融合发展，但需要警惕盲目追赶和重复建设问题，避免形成"千城一面"现象，确保其成为我国经济高质量发展的重要引擎。长三角、珠三角等作为东部沿海地区经济增长中心，在充分利用前沿优势，注重数字经济与实体经济协同发展过程中，应考虑区域间互动影响，建立跨区域产业协同发展机制：东部地区应将技术和知识资源输出到数字化转型相对落后的周边地区，释放正向空间溢出效应；中部地区应继续推广数字化转型的扩散效应；西部和东北地区则需采取措施提升数字技术应用能力，优化制造业和服务业的空间整合布局。

8.6 构建共赢市场竞争秩序，激发两业融合市场活力

构建开放竞争的市场环境，深入实施"放管服"①，优化两业融合环境。在制造业与服务业融合过程中，必然会出现一些新模式，需要监管机构从两业融合的资源共享、市场机制合作等方面着手创新监管方式、明确市场的准入条件、减少行政干预。一是通过简化行政审批流程和综合应用产业发展政策，以促进知识密集型服务业和先进制造业之间的均衡发展，此外，还需对行业政策标准进行统一，对交叉行业的准入标准进行放宽，以创造一个公平竞争的环境，并促进生产型制造业向服务型制造业的转型；二是消除要素市场与商品市场之间的隔阂，打破产权交易的市场障碍，利用市场机制淘汰过时企业，避免在不同区域之间进行过度的同质化竞争和不必要的重复建设；三是消除潜在的地方保护主义，建立全国统一的土地、劳动力、数据和碳交易市场，审查并消除阻碍公平竞争的政策，优化商业环境以提高资源分配的效率和公正性，吸引更多的高端资源，从而推动企业的转型和升级；四是推进要素价格市场化改革，完善以"三权分置"②为核心的产权制度，在推动混合所有制改革的大背景下，对于具有垄断性质的行业，应积极吸引民营资本和外国资本的参与，以加速消除该行业内的垄断现象；五是推进"一带一路"沿线国家基础设施互联互通，实现国际产能合作与区域经济一体化。

持续引导市场需求，增强两业融合能力。一是提高自主创新能力，扩

---

① "放管服"，就是简政放权、放管结合、优化服务的简称，这是党的十八大后深化行政体制改革、推动政府职能转变的一项重大举措。

② "三权分置"思想是指形成所有权、承包权、经营权三权分置，经营权流转的格局。

大市场对现代服务业与先进制造业的需求。增加对自主创新的资金支持，积极引导社会资本投资现代服务业和先进制造领域，以持续提高产品的质量和技术标准为目标，促进技术和产品创新；依托创新企业示范区和科技创新中心，培养一系列具有核心竞争力的企业，从而进一步扩大市场对现代服务业和先进制造业的需求；构建集产业、学术和研究于一体的创新体系和合作机制，吸引更多的市场需求，加速科研成果的转化和应用，激发企业的创新活力。二是淘汰落后技术产能，发展高端产业。加速淘汰过时的制造技术和生产能力，继续推进传统产业结构调整的同时，重点培育新增长点，调整和优化产业结构，大力发展高新技术产业；积极培育新兴产业，鼓励企业增加对高新技术产业的资金和研发投入，在技术资源丰富和创新要素高度集中的地区，优先发展如金融、咨询、研发设计、高端设备制造和生物技术等高端产业，释放更多资源流向高效率高附加值的产业，促进产业向更高端和智能化的方向发展，实现产业结构合理化高级化。三是深化对外开放，推动贸易产业向产业链两端拓展。把握对外开放机遇，积极参与全球产业链分工，吸引外资和先进技术，提高资源利用率，进一步带动国内服务配套能力，推动国内产业链向高端和低端两端拓展，拓展国际市场，提升国内产业的国际竞争力；同时，加强与沿线国家合作，提升产品和服务的国际竞争力。加强与国际标准对接，提高出口产品的技术含量和附加值，减少对资源和环境的依赖，优化贸易结构，推动区域内服务业和制造业融合发展，形成良性互动的产业生态圈。

　　建立完善的知识产权保护机制，促进科技成果实际应用和转化。一是修订和完善知识产权相关法律法规，确保法律适用性和前瞻性，为知识产权保护提供坚实的法律基础。健全和落实知识产权制度是推进我国经济结构调整、转变增长方式的重要保障，也是提升国家创新能力和国际竞争力的迫切需要。面临全球科技竞争趋势，知识产权法律框架也需要适时调整知识产权形态种类、交易分配模式等，以前瞻性视角积极布局知识产权战略，强化知识产权的战略地位；同时，更重要地是要积极主动地参与全球知识产权法律修订完善等规则制定，既要保护国家科技竞争和经济发展利于，又要发挥大国作用推动全球知识产权治理，以为加速科技成果快速应用和产业化进程提供坚实支撑。二是建立和完善知识产权交易市场，促进知识产权的流通和转化，提高知识产权经济价值。尤其是在全球信息化快速发展背景下，完善知识产权法规尤为重要。知识密集型服务业是知识技术与现代生产结合的产物，具有高技术含量、高附加值等特点，对我国经济增长有重要贡献，围绕两业融合高技术创新专利保护，加强法律保护，建立快速响应机制处理侵权案件，增强司法保障，提高侵权成本，简化维权流程，营造良好法治氛围；构建知识产权交易平台，确保市场在转化中发挥关键作用，完善交易服务体系，运用市场化手段提供一站式知识产权服务，加强科技中介服务体系建设，加大科技成果转化机构建设，推动科研机构与企业合作，提升中介服务质量，促进流通转换，提升科技成果商业应用，促进知识产权流通交易，推动产业融合，增加经济价值；完善知识产权服务平台，建立以企业为主体的科技创新体系，促进科研成果向现实生产力转换，鼓励技术转移机构向社会化和市场化方向发展，以便为技术成果转化提供更加专业的服务支持，鼓励在高尖端产业领域建立第三方概念验证平台，为科技成果的评估、技术的可行性分析、工程原型的生产、小规模的试制和商业评估等提供概念验证服务，从而提高科技成果的转化效率；建立企业、政府、金融机构风险共担机制，减少科技成果转化风险，企业分担风险降低融资经营成本，鼓励参与知识产权保护和创新，金融机构与高校等合作开展知识产权质押贷款，拓宽中小企业融资渠道。三是利用区块链、大数据等现代信息技术手段，提高知识产权管理的透明度和效率，防止知识产权侵权行为。在互联网时代，需要建立一个完整的、开放透明的知识产权体系，以促进知识产权制度与经济社会发展相适应。运用区块链等技术手段，维护知识产权的安全性和完整性，避免知识产权受到侵犯和非法使用，为知识密集型服务业与制造业融合发展提供关键技术支撑。四是加强与国际知识产权组织合作，参与国际知识产权规则的制定，提升我国在国际知识产权领域的影响力。通过与其他国家和地区知识产权相关组织机构合作，分享知识产权信息和资源，促进国际技术转移和创新合作，发挥中国在全球知识产权领域的重要作用，共同推动知识产权在国际上的交流与合作，为两业融合发展提供国际技术创新环境保障。

8.7 深化产业发展体制改革，优化两业融合发展环境

围绕财税、金融、产业用地、资源共享等完善产业配套政策。制定特色产业发展政策，在财税方面，给予融合型企业专项费用扣除、政府采购政策支持；在金融政策方面，国家和政府部门应当逐步打破金融领域的垄断状况，开放金融市场，优化金融市场的竞争机制，并鼓励民间资本进入金融领域，优化两业融合发展的金融环境。随着市场经济体制改革的不断深化，金融业逐步从计划经济时代向市场经济体制转轨，但由于市场分割，银行间竞争不充分，导致金融资源得不到合理配置，不利于金融市场的发展。知识密集型服务业为了应对激烈的市场竞争，行业必须持续增强其自身实力，以更好地适应不断变化的市场环境，因此，知识密集型服务业的发展离不开国家对它的扶持和保护。针对当前的金融状况，应当积极推动金融体制的全面改革，取消行政约束，采取一系列积极的财政、税收和金融投资政策，并吸引民间资本进入金融行业，以赋予金融市场新的生机和活力，逐步减缓垄断带来的负面效应，并推动金融市场向市场化方向发展，激励知识密集型服务企业进行独立的创新活动，进而增强它们在服务和研发创新领域的实力；在产业用地方面，探索两业融合产业用地模式，保障新业态的产业用地需求；在数据资源共享方面，推动促进两业融合发展的平台体系建设和数据资源共享机制。根据地区经济特点和资源优势，识别出具有发展潜力的优势产业，聚焦于地方优势产业，通过打造特色产业园区、培育产业集群、发展特色产业链等措施，注重提升产业服务能力，如

提供专业咨询服务、市场拓展支持、品牌建设指导等，帮助企业提升竞争力和市场影响力，形成具有区域特色的产业竞争优势。

加大土地要素支持，满足两业融合建设项目用地需求。充分把握先进制造业与知识密集型服务业混合产业用地的功能定位，优化土地使用的空间布局并提高其空间质量。具体用地，以"试点"形式推进，针对两业融合试点单位，寻找与其发展相匹配的业态融合、功能融合以及灵活多变的多功能混合利用策略；在遵循国土空间规划和用途管理的基础上，促进不同类型的产业用地进行合理的转换，将现有土地资源用于工业、仓储、研发、办公和商业服务等多个领域，实现功能的融合和共同发展，鼓励在满足环境保护和安全标准的基础上，自主决定混合使用的比例，促进各类资源要素合理配置与高效利用，提高土地利用综合效益；为满足两业融合发展的土地需求，探索具有多种业态、功能融合和灵活性的土地出让方法，采用长期租赁、先租赁后转让、租赁与转让相结合等多种策略，鼓励土地使用权有偿出让和转让，引导企业有序开展商业开发，引导企业将土地使用权用于研发中心、生产基地或配套设施建设，以激活未使用的土地和城市低效土地，实现产业转型升级和集约节约用地；持续推进存量建设用地增减挂钩试点，引导新增建设用地向公共服务设施倾斜，对于从制造业企业中独立出来的服务型制造子公司，可以根据土地的原始用途和权利类型来使用土地，支持以工业为主的地区开展"多规合一"试点工作，促进产业集聚与人口聚集协调发展，鼓励地方政府创新土地供应方式，激活未使用的土地和城市低效土地资源，以满足两个产业融合发展的土地需求，促进城乡统筹发展。

持续优化数字经济发展环境，突出数字技术在推动该地区制造业与服务业融合发展方面的重要作用。随着我国数字经济的快速增长，进一步强化数字经济主导地位，在国家层面上加强对数字经济的顶层设计，增强对两业融合发展的政策指导和支持，"十四五"期间，国家将进一步完善相关法律法规体系，加快制定数字经济标准及行业规范，加强对数字经济创新创业人才的培养，完善产业数字化协同机制，建立产业数字化常态化监管机制，通过对数字要素市场的规范和加强对平台经济的监督，进一步完善数字安全的规定，构建基于产业链的新型数字安全治理模式，建立起政府主导下的全社会共同参与、协调联动的"大数据"治理体系，积极推动信息技术制造、人工智能、大数据和物联网等多个项目的实施，促进数字产业的快速发展。加速建立高效、智能化、环保且安全可靠的新型基础设施体系，建设数字中心，推动数据要素市场发展，提高数字要素使用效率。推动建立国家和省级层面数字经济创新示范区，打造具有国际影响力的数字化平台。还应该特别关注新一代信息技术发展相对滞后的地区，推动数字技术与传统的制造和服务行业的整合，并利用5G、大数据、物联网等前沿技术为它们构建综合应用平台。积极培育壮大一批数字经济领军企业，打造一批数字化转型示范工程，同时，致力于培养和指导一系列具有显著创新能力和品牌影响力的行业先锋企业，各地区还应加强对本土重点企业的培养，以形成一个大、中、微型企业共同发展的数字经济产业生态系统，构建一个集研发设计、生产制造和销售等多个环节于一体的制造业与服务业融合发展的一体化平台，以期最终形成一个集制造和服务功能于一体的新型产业集群。

第 9 章

结论与展望

由于本书是从多个角度研究知识密集型服务业的嵌入整合对我国制造业转型升级的影响,因而相关研究结论难免显得有些分散,为了更好地阐明本书的研究结论,本章将在前述章节研究的基础上,对本书的主要研究结论进行系统地归纳总结,同时也将分析研究中存在的局限和不足,探讨今后可以进一步拓展的研究方向。

9.1 主要研究结论

改革开放以来,我国制造业持续快速发展,已经建成了门类齐全、独立完整的产业体系,有力推动了我国的工业化和现代化进程,使我国成为制造业大国,在全球产业链中占据了重要地位。然而,从全球制造业的分工格局来看,制造业高端领域仍然主要集中在美国、欧盟和日本等发达国家和地区。中国制造业尽管已经在部分高端制造领域形成优势,但就总体制造能力而言,和发达国家仍然存在明显差距,在全球制造业分工中处于产业链的中低端。

中国制造业的转型升级,本质上就是从过去高度依赖低成本劳动力、依赖大量资源能源消耗的粗放增长模式,转化为更多地依赖知识密集型服务业作为中间投入，依赖知识创造和技术创新驱动的高质量增长模式。这意味着中国的产业政策必须着力于促进知识密集型服务业对制造业的嵌入整合，以实现对传统制造业数字化、网络化、智能化的改造升级，从而全面提升中国制造业的国际竞争力。

本书正是基于上述宏观背景下所做的研究。本书旨在通过研究知识密集型服务业对制造业的嵌入整合规律、作用机理，并在借鉴发达国家两页融合的政策和实践经验的基础上，结合我国制造业和知识密集型服务业的发展现状，提出促进我国知识密集型服务业嵌入整合制造业，提升我国制造业国际竞争力的政策思路。通过研究，本书主要形成以下研究结论：

（1）知识密集型服务业与制造业融合的成因可以归纳为内部成因和外部成因。内部成因包括专业服务分工、技术发展与创新驱动；外部成因包括企业竞争力的提升和市场需求的驱动。

（2）知识密集型服务业促进制造业转型升级的作用机理可以概括为规模效应、专业化效应、产业协同效应，以及知识溢出效应。

①规模效应是指由于资源集聚和产业集聚使得生产所需的基础设施、技术和资金等资源相对集中，可以降低知识密集型服务业的成本费用，进而提高制造业生产效率。

②专业化效应，是指集聚区域内服务更加专业化，行业分工更为精细化，成本最小化，从而带动产品创新，促使制造业进行产品升级和进一步革新。

③产业协同效应是指不同产业之间通过合作、协调和共享资源，共同完成产品或服务的生产、销售和分配，以实现全局优化和价值创造。通过产业协同效应，知识密集型服务业可以促进制造业产业结构优化发展。

④知识溢出效应知识溢出效应就是集聚区内信息的沟通成本降低，企业间通过信息互动共享，将新理论、新技术、新知识等传递到制造业的生产过程中，形成知识密集型服务业与制造业之间的知识外溢，从而提高制造业研发、技术创新的效率，推进制造业的结构升级。

（3）发达国家的实践经验表明，制造和服务融合的思维，大大拓展了企业作为市场供给主体的视域和时域，使之能够在更大的范围以更为集约、高效的组织方式和更为丰富、集成的技术手段挖掘有效需求、利用生产资源、开展创新活动，通过实现生产关系的变革创造新的价值。发达国家制造业和知识密集型服务业融合的新业态、新模式主要有：工业互联网、智能工厂、供应链管理、全生命周期管理、柔性化定制、共享生产平台、总集成总承包。

（4）西方发达国家促进知识密集型服务业与制造业产业融合的政策经验主要有：积极推动制造业向服务化发展；对知识密集型服务业给予更多资金支持；借助数字平台助力服务业与制造业融合；根据资源禀赋选择不同的集聚化发展道路；通过政策与服务优化产业发展环境；注重人才培养和引进等。

（5）关于我国制造业，过去十几年呈现以下发展特点：

①总量规模上，制造业增加值十几年逐步增加，但由于产业结构的升级，制造业增加值在GDP构成中占比逐年降低。

②从区域结构上看，中西部地区制造业的增速明显快于东部地区，中低技术制造业逐步向中西部地区转移，东部地区则更多地侧重于高技术制造业和服务业的增长。

③从投资结构上看，传统制造业、中低技术制造业的投资增速没有表现出明显规律，大体上2018年以前与房地产关联度较高的传统制造业，投资增速较快，2018年以后，随着房地产景气度的下降，与之相关的传统制造业投资增速也逐步趋缓，投资增长较快的传统制造业回归劳动密集型的优势行业。

④从就业结构来看，东部地区在低技术、中技术、高技术制造业的从业人数总量均普遍高于中西部地区。东部地区的制造业就业人数自2008年以来整体呈现下降趋势，中部地区的制造业就业人数整体趋于稳定，西部地区的制造业就业人数则显示出增长趋势。东部地区通过技术创新和产业

结构调整，就业人口逐步从中低端制造向高端制造和服务业转移，而中西部地区承接了更多的中低端技术制造业就业。

（6）关于我国知识密集型服务业，过去十几年呈现以下发展特点：

①知识密集型服务业增加值逐年增加，占GDP比重也在逐年上升。

②金融业在知识密集型服务业增加值中占比最高，但2012~2021年占比下降，其他知识密集型服务业行业同期占比出现上升。知识密集型服务业企业数量大幅增加，但多为轻资产型企业。

③从投资结构来看，知识密集型服务业固定资产投资规模的增长幅度、和增长速度均高于全社会固定资产投资。知识密集型服务业的投资绩效指数大体上呈现出逐年下降的态势，表明投资对知识密集型服务业的拉动作用在逐年减弱。

④从就业结构来看，随着知识密集型服务业在中国的快速发展，其从业人员数量逐年增加，正在成为吸纳就业的重要领域。然而，2012年与2021年的数据对比表明，知识密集型服务业的比较劳动生产率在过去10年里总体上呈现出下降趋势，表明知识密集型服务业从业人员数量虽然增长更快，但人员投入的边际产出在逐步下降，部分行业已经出现人员冗余。

（7）2007~2020年，知识密集型服务业对制造业总体的贡献逐步增加，但仍然远低于发达国家。

①分行业来看，信息传输、计算机服务和软件业对制造业的贡献度呈现波动上升趋势；金融业对制造业的贡献度大体上呈现下降趋势；商务服务业对制造业的贡献度呈明显单边上升趋势；科学研究综合技术服务业对制造业的贡献度表现为逐步下降趋势。

②对不同技术水平制造业而言，知识密集型服务业的贡献度总体上均表现为上升趋势。分行业来看，金融业，信息传输、计算机服务和软件业，商务服务业对不同技术水平制造业的贡献度均表现为上升趋势，科学研究综合技术服务业则表现为下降趋势。

（8）基于省份数据的主成分分析表明，影响知识密集型服务业与制造业融合的主要因素有：政府支持力度、产业结构、产业集聚，以及营商环境。

（9）近年来，我国各地在推动与知识密集型服务业的融合发展过程中，逐步探索出了不少有效的模式和经验，主要包括：政策驱动型发展、技术创新驱动型发展、特色产业驱动型发展、区域优势资源驱动型发展。

（10）对知识密集型服务业嵌入整合制造业，促进我国制造业转型升级提出的政策建议主要有：坚持科技创新驱动发展，夯实两业融合发展基础；创新两业融合多元模式，延长两业融合价值链；挖掘多元主体发展潜力，激活两业融合发展新动能；推动区域协同发展，拓展两业融合发展空间；构建共赢市场竞争秩序，激发两业融合市场活力；深化产业发展体制改革，优化两业融合发展环境。

9.2 研究不足与研究展望

促进知识密集型服务业嵌入整合制造业，推动制造业转型升级，是基于我国面临新的发展阶段、发展环境、发展条件下的迫切需求，也是我国面对百年未有之大变局的重要战略举措，因此本书的研究显然有着重大的理论和现实意义。然而，由于本书研究团队自身的研究水平和能力有限，因此本书的研究还存在着诸多不足，一些研究也有待进一步深入。概括起来，本书的研究不足之处主要有：

（1）由于文献资料的局限，对发达国家知识密集型服务业嵌入整合制造业的演变规律，实践与政策经验总结得不够深入，缺少更多的实证数据的支持。

（2）受限于数据的可获得性，对我国制造业、知识密集型服务业的发展现状、结构特征仅限于大类行业的描述性统计，没有能够对各行业大类下的细分行业进行深入分析；知识密集型服务业的行业增加值 2018 年以后就没有直接统计数据，相关统计数据为研究人员根据行业增速推算所得；研究知识密集型服务业对制造业的贡献度则仅选取了 2007 年、2012 年、2017 年、2020 年的数据（我国各地区投入产出表是 5 年编制一次）。这些都使研究结论可能会与实际存在一定偏颇。

（3）对我国制造业和知识密集型服务业融合的实践经验总结，更多地是基于不同发展路径的主观性经验概括，缺少对政策效果的实证评价，使得相关结论不够科学客观。

（4）本书的研究团队成员均为高校教师，缺乏政府部门的实践管理经验，因而所提出的政策建议可能还不能完全解决我国知识密集型服务业嵌入整合制造业所面临的问题。

基于以上情况，本书的研究团队今后将进一步收集文献资料，特别是相关的外文文献，对发达国家知识密集型服务业嵌入整合制造业的经验能有更为全面的归纳总结；加强与统计部门的合作，根据最新的统计数据修正可能存在偏颇的部分研究结论；加强与政府管理部门的合作，对各地促进制造业与知识密集型服务业融合的政策效果进行客观评价，同时使提出的政策建议更有针对性和可操作性。

参考文献

[1] 阿·费希尔. 安全与进步的冲突 [M]. 伦敦麦克米兰出版社, 1935.

[2] 宾厚, 李烨, 吴冕. 现代服务业与先进制造业融合水平测度及影响因素研究——以长三角地区为例 [J]. 金陵科技学院学报（社会科学版）, 2024（1）.

[3] 曹冰清. 知识密集型服务业发展水平对制造业生产效率的影响研究 [D]. 河南财经政法大学硕士学位论文, 2023.

[4] 曹兴, 刘新琨. 先进制造业与信息服务业融合的产业升级效应 [J]. 经济地理, 2024（4）.

[5] 常建坤. 技术创新推进我国传统产业升级改造 [J]. 中国流通经济, 2006（5）.

[6] 程大中. 中国服务业的增长与技术进步 [J]. 世界经济, 2003（7）.

[7] 程大中. 中国生产性服务业的水平、结构及影响——基于投入—产出法的国际比较研究 [J]. 经济研究, 2008（1）.

[8] 邓向荣, 曹红. 产业升级路径选择：遵循抑或偏离比较优势——基于产品空间结构的实证分析 [J]. 中国工业经济, 2016（2）.

[9] 邓泽林. 服务业与制造业关联机制与模式研究 [D]. 武汉理工大学博士学位论文, 2013.

[10] 杜朝晖. 经济新常态下我国传统产业转型升级的原则与路径 [J]. 经济纵横, 2017（5）.

[11] 杜传忠. 先进制造业与现代服务业深度融合发展的新趋势 [J]. 人民论坛, 2023（19）.

[12] 杜传忠，侯佳妮．制造业与服务业融合能否有效缓解服务业"成本病"——基于WIOD中国数据的经验事实 [J]．山西财经大学学报，2021 (3)．

[13] 杜倩云，陈岩．知识密集型服务业对区域创新的影响分析——以京津冀地区为例 [J]．统计理论与实践，2020 (3)．

[14] 樊春，胡胜蓉，魏江．知识密集型服务企业与制造企业互动创新绩效影响因素的实证研究 [J]．技术经济，2010 (10)．

[15] 封思贤，徐月．生产性服务业与制造业关系的结构分析 [J]．商业研究，2010 (12)．

[16] 冯鹏飞，申玉铭，许欣．京津冀生产性服务业与制造业省区间产业关联特征与服务产品流空间格局研究 [J]．地理研究，2024 (3)．

[17] 付宏，毛蕴诗，宋来胜．创新对产业结构高级化影响的实证研究——基于2000—2011年的省际面板数据 [J]．中国工业经济，2013 (9)．

[18] 付铭．现代服务业集聚研究 [D]．首都经贸大学博士学位论文，2009．

[19] 干春晖，郑若谷，余典范．中国产业结构变迁对经济增长和波动的影响 [J]．经济研究，2011 (5)．

[20] 高素英，钦彦祥，张烨．创新投入影响产业结构优化升级路径分析——基于本地效应与多元空间溢出效应 [J]．科技进步与对策，2017 (19)．

[21] 格鲁伯，沃克．服务业的增长：原因与影响 [M]．上海三联书店，1993．

[22] 顾乃华，毕斗斗，任旺兵．生产性服务业与制造业互动发展：文献综述 [J]．经济学家，2006 (6)．

[23] 顾乃华，毕斗斗，任旺兵．中国转型期生产性服务业发展与制造业竞争力关系研究 [J]．中国工业经济，2006 (9)．

[24] 顾乃华．生产性服务业对工业获利能力的影响和渠道——基于城市面板数据和SFA模型的实证研究 [J]．中国工业经济，2010 (5)．

[25] 顾乃华．我国城市生产性服务业集聚对工业的外溢效应及其区域边界 [J]．财贸经济，2011 (5)．

[26] 顾乃华．我国服务业对工业发展外溢效应的理论和实证分析 [J]．

统计研究, 2005 (12).

[27] 广东省政府发展研究中心课题组. 发达国家和地区发展现代高端服务业的经验启示 [J]. 广东经济, 2016 (1).

[28] 韩峰, 王琢卓, 李玉双. 生产性服务业集聚与城市经济增长——基于湖南省地级城市面板数据分析 [J]. 产业经济研究, 2011 (6).

[29] 韩文龙, 李艳春. 数字经济与实体经济深度融合的政治经济学分析 [J]. 理论月刊, 2023 (11).

[30] 郝凤霞, 王宇冰, 楼永. 区域服务化视角下产业协同集聚效应研究 [J]. 科技进步与对策, 2021 (13).

[31] 何骏, 连欣燕. 以数字化服务业推动长三角数实深度融合研究 [J]. 江南论坛, 2024 (1).

[32] 华而诚. 论服务业在国民经济发展中的战略性地位 [J]. 经济研究, 2001 (12).

[33] 黄丽娟. 我国知识密集型服务业对制造业贡献程度与贡献格局分析——基于子系统投入产出分析法 [J]. 内蒙古大学学报（哲学社会科学版）, 2016 (6).

[34] 黄少军. 服务业与经济增长 [M]. 经济科学出版社, 2000.

[35] 黄维兵. 现代服务经济理论与中国服务业增长 [M]. 西南财经大学出版社, 2003.

[36] 霍景东, 夏杰长. 制造业与生产性服务业: 分化、互动与融合的实证分析 [J]. 经济研究参考, 2007 (1).

[37] 江小涓, 李辉. 服务业与中国经济: 相关性和加快增长的潜力 [J]. 经济研究, 2004 (1).

[38] 科林·克拉克. 经济进步的条件 [M]. 中国人民大学出版社, 2020.

[39] 孔祥. 中国知识密集型服务业创新能力研究 [D]. 大连理工大学硕士学位论文, 2010.

[40] 李丹丹. 我国知识密集型服务业与制造业的相互影响研究 [D]. 暨南大学硕士学位论文, 2014.

[41] 李冠霖. 第三产业投入产出分析 [M]. 中国物价出版社, 2002.

[42] 李海朋. 知识密集型服务业对我国制造业产业升级的影响 [D]. 哈尔滨工业大学硕士学位论文, 2016.

[43] 李江帆. 第三产业的产业依据、评估依据和衡量指标 [J]. 华南师范大学学报（社会科学版）, 1994 (3).

[44] 李爽, 张永庆. 长三角地区知识密集型服务业集聚特征研究 [J]. 经济研究导刊, 2020 (34).

[45] 李晓敏, 陈舜祥. 北京先进制造业和现代服务业融合发展调研报告显示——"两业"融合成效初显 [J]. 中国统计, 2024 (2).

[46] 李子文. 发达国家推动制造业和服务业融合发展的政策实践及启示 [J]. 中国经贸导刊, 2020 (9).

[47] 刘戒骄. 服务业开放及其对工业的影响 [J]. 管理世界, 2002 (6).

[48] 刘伟, 张辉. 中国经济增长中的产业结构变迁和技术进步 [J]. 经济研究, 2008 (11).

[49] 罗时龙. 服务业与中国经济增长实证研究 [D]. 南京农业大学博士学位论文, 2006.

[50] 吕民乐, 安同良. 知识密集型服务业对制造业创新的影响研究 [J]. 华东经济管理, 2015 (12).

[51] 吕民乐, 金妍. 知识密集型服务业对中国制造业创新的影响——基于高技术制造业的实证分析 [J]. 工业技术经济, 2016 (4).

[52] 马风华. 发达国家第二产业生产服务业的水平、结构及影响——基于投入产出分析法 [J]. 国际经贸探索, 2012 (6).

[53] 毛茜, 赵喜仓. 科技金融创新与我国经济增长效应研究——基于科技型中小企业发展视角 [J]. 科技进步与对策, 2014 (12).

[54] 彭颢舒, 叶小梁. 知识密集型服务业创新要素模型研究 [J]. 现代情报, 2006 (10).

[55] 彭永涛, 侯彦超, 罗建强等. 基于TOE框架的装备制造业与现代服务业融合组态研究 [J]. 管理学报, 2022 (3).

[56] 秦源伯. 中国知识密集型服务业与高技术制造业协同发展研究 [D]. 郑州大学硕士学位论文, 2022.

[57] 渠慎宁, 吕铁. 产业结构升级意味着服务业更重要吗——论工业与服务业互动发展对中国经济增长的影响 [J]. 财贸经济, 2016 (1).

[58] 任皓, 周绍杰, 胡鞍钢. 知识密集型服务业与高技术制造业协同增长效应研究 [J]. 中国软科学, 2017 (8).

[59] 沈运红, 孙莉. 知识密集型服务业集聚对制造业结构升级的影响研究——基于浙江省2008—2017年面板数据 [J]. 科技管理研究, 2021 (7).

[60] 盛一名. 制造业与现代服务业融合发展水平与态势研究——以苏州市为例 [J]. 苏州科技大学学报 (社会科学版), 2024 (2).

[61] 施卫东, 朱俊彦. 中国知识密集型服务业创新溢出效应的实证研究——基于社会网络的动态分析 [J]. 研究与发展管理, 2012 (5).

[62] 石怀旺. 科技金融发展对策研究 [J]. 科学管理研究, 2015 (6).

[63] 时省. 知识密集型服务业对中国创新经济的影响研究 [D]. 中国科学技术大学博士学位论文, 2013.

[64] 史安娜, 潘志慧. 长江经济带核心城市高技术制造业与知识密集型服务业共生发展研究 [J]. 南京社会科学, 2018 (6).

[65] 史丹, 孙光林. 数据要素与新质生产力: 基于企业全要素生产率视角 [J]. 经济理论与经济管理, 2024 (4).

[66] 孙畅, 曾庆均. 生产性服务业集聚能否促进我国产业结构优化升级?——基于2005—2013年省际面板数据的实证检验 [J]. 科技管理研究, 2017 (1).

[67] 孙莉. 知识密集型服务业集聚模式对制造业产业升级的影响研究 [D]. 杭州电子科技大学硕士学位论文, 2023.

[68] 孙文博, 丰琳. 河北省制造业与知识密集型服务业融合现状分析 [J]. 衡水学院学报, 2021 (1).

[69] 孙文博, 蒙玉玲. 非正规就业对服务业发展的影响分析 [J]. 技术经济与管理研究, 2015 (8).

[70] 唐德才,程俊杰.服务业发展、城市化与要素集聚[J].软科学,2008（5）.

[71] 唐强荣,康泽永.生产性服务业与制造业关系研究述评[J].生产力研究,2010（3）.

[72] 唐荣,顾乃华.上游生产性服务业价值链嵌入与制造业资源错配改善[J].产业经济研究,2018（3）.

[73] 陶长琪,彭永樟.经济集聚下技术创新强度对产业结构升级的空间效应分析[J].产业经济研究,2017（3）.

[74] 汪琦,魏小军.KIBS嵌入对中国制造业贸易竞争优势的促动效应[J].国际商务研究,2013（3）.

[75] 王欢芳,彭琼,傅贻忙等.先进制造业与生产性服务业融合水平测度及驱动因素研究[J].财经理论与实践,2023（1）.

[76] 王欢芳,杨春兰,傅贻忙等.我国先进制造业与生产性服务业融合生态位研究[J].科学决策,2024（3）.

[77] 王金武.我国生产性服务业和制造业互动分析及其对策研究[D].武汉理工大学硕士学位论文,2006.

[78] 王娟.创新驱动传统产业转型升级路径研究[J].技术经济与管理研究,2016（4）.

[79] 王卫,李雨晴.数字经济、两业融合与中国制造业全要素生产率[J].上海对外经贸大学学报,2024（1）.

[80] 王玉梅,周一诺,孙小强.数字经济下先进制造业与现代服务业的融合创新研究——机理、测量与对策[J].经济社会体制比较,2024（1）.

[81] 王琢卓.生产性服务业集聚与经济增长[D].湖南大学博士学位论文,2014.

[82] 韦帅民.生产性服务业数字化对制造业产业链现代化的影响研究[J].现代管理科学,2024（2）.

[83] 魏江.宏观创新系统中知识密集型服务业的功能研究[J].科学学研究,2004（12）.

[84] 魏作磊. 美、欧、日服务业内部结构的演变及对中国的启示 [J]. 国际经贸探索, 2010 (1).

[85] 闻乃荻. 知识密集型服务业与装备制造业互动融合路径及实现研究 [D]. 哈尔滨理工大学硕士学位论文, 2016.

[86] 吴慧勤. 安徽生产性服务业与制造业融合研究 [D]. 安徽财经大学硕士学位论文, 2016.

[87] 西蒙·库兹涅茨. 现代经济增长 [M]. 北京经济学院出版社, 1989.

[88] 肖挺. 知识密集型服务业与制造业互动发展的实证分析——基于就业与动能转换的双重视角 [J]. 中国科技论坛, 2018 (10).

[89] 徐玉莲, 王玉冬. 区域科技创新与科技金融系统协同发展运行机理分析 [J]. 科技进步与对策, 2013 (20).

[90] 徐政, 张姣玉. 新质生产力促进制造业转型升级：价值旨向、逻辑机理与重要举措 [J]. 湖南师范大学社会科学学报, 2024 (2).

[91] 宣烨, 余泳泽. 生产性服务业集聚对制造业企业全要素生产率提升研究——来自230个城市微观企业的证据 [J]. 数量经济技术经济研究, 2017 (2).

[92] 亚当·斯密. 国民财富的性质和原因的研究 [M]. 商务印书馆, 1972.

[93] 严北战. 集群式产业链形成与演化内在机理研究 [J]. 经济学家, 2011 (1).

[94] 杨剑, 杨锋, 王树恩. 基于系统动力学的区域创新系统运行机制研究 [J]. 科学管理研究, 2010 (4).

[95] 杨仁发, 魏琴琴. 营商环境对城市创新能力的影响研究——基于中介效应的实证检验 [J]. 调研世界, 2021 (10).

[96] 杨向阳. 中国服务业的增长与效率研究 [D]. 南京农业大学博士学位论文, 2006.

[97] 杨永全, 付玢. 创新推动传统制造业价值链升级 [J]. 管理观察, 2017 (31).

[98] 姚小远. 轮制造业服务化——制造业与服务业融合发展的新型模式

[J]. 上海师范大学学报（哲学社会科学版），2014（11）.

[99] 叶爱华. 我国服务业发展与经济增长关系的实证分析 [J]. 统计与决策，2010（11）.

[100] 于斌斌. 金融集聚促进了产业结构升级吗：空间溢出的视角——基于中国城市动态空间面板模型的分析 [J]. 国际金融研究，2017（2）.

[101] 余利丰，肖六亿. 高新技术改造提升传统产业效果评价体系研究——以河南省为例 [J]. 科技进步与对策，2015（5）.

[102] 喻登科，祁馨逸. 基于知识密集型服务业的知识资本、性格特质与组织绩效关系实证 [J]. 软科学，2018（7）.

[103] 曾艳. 需求结构与服务业增长的关系研究 [J]. 产业经济研究，2009（1）.

[104] 张峰，董会忠，万里洋. 知识密集型生产者服务业与制造业联动发展分析——基于VAR模型的实证研究 [J]. 科技管理研究，2016（2）.

[105] 张祥. 转型与崛起——全球视野下的中国服务经济 [J]. 社科纵横，2017（4）.

[106] 张晓欣. 知识密集型服务业发展与制造业战略升级研究 [J]. 湖北社会科学，2010（5）.

[107] 张玉喜，赵丽丽. 中国科技金融投入对科技创新的作用效果——基于静态和动态面板数据模型的实证研究 [J]. 科学学研究，2015（2）.

[108] 赵明霏. 知识密集型服务业发展对制造业效率影响实证分析 [J]. 科学管理研究，2017（5）.

[109] 赵泽文，董驰. 数字经济助推我国两业融合发展研究 [J]. 产业创新研究，2024（6）.

[110] 郑兵云. 知识密集型服务业科技创新传导实证研究 [J]. 软科学，2018（2）.

[111] 郑吉昌，夏晴. 论生产性服务业的发展与分工的深化 [J]. 科技进步与对策，2005（2）.

[112] 周鹏，余珊萍，韩剑. 生产性服务业与制造业价值链升级间相关

性的研究 [J]. 上海经济研究, 2010 (9).

[113] Andersson, Martin. Co‐location of Manufacturing & Producer Services: A Simultaneous Equation Approach [A]. CESIS Electronic Working Paper Series [C]. 2004: 55 –62.

[114] Antonelli C. The evolution of the industrial organisation of the production of knowledge [J]. Cambridge Journal of Economics, 1999, 23 (2): 243 –260.

[115] Baker P. The Impact of Business – Services Use on Client Industries: Evidence from Input – Output Data [M]. Business – Services in European Economic Growth. London: Palgrave Macmillan UK, 2007: 97 –115.

[116] Balvanera P., Pfisterer B., Buchmann N., et al. Quantifying the Evidence for Economic Effects on Ecosystem Functioning and Services [J]. Ecology Letters, 2006, vol. 9: 1146 –1156.

[117] Basudeb Guha – Khasnobis, Saumitra N., Bhaduri. A Hallmark of India's New Economic Policy: Deregulation and Liberalization of the Financial Sector [J]. Journal of Asian Economics, 2000, Vol. 89, No. 6: 11 –23.

[118] Burt R S. Structural Holes: The Social Structure of Competition [M]. Massachusetts: Harvard University Press, 1992.

[119] Cagno D., Meliciani V. Do inter – sectoral flows of services matter for productivity growth? an input/output analysis of OECD countries [J]. Economics of Innovation & New Technology, 2005 (14): 149 –171.

[120] Cho, Y. The Effect of Financial Liberalization on the Efficiency of Credit Allocation: Some Evidence for Korea [J]. Journal of Development Economics, 1988, Vol. 6, No. 2: 29 –55.

[121] Cichosa M, Wallenburg C M, Knemeymera M, Digital transformation at logistics service providers: barriers, success factors and leading practices [J]. International Journal of Logistics Management, 2020, 31 (2): 1 –13.

[122] Coelli T. J. Recent Developments in Frontier Modeling and Efficiency Measurement [J]. Australian Journal of Agricultural Economics, 1995, Vol. 39:

219-245.

[123] Daria Ciriaci, Daniela Palma. Structural change and blurred sectoral boundaries: assessing the extent to which knowledge - intensive business services satisfy manufacturing final demand in Western countries [J]. Economic Systems Research, 2016, 28 (1).

[124] Den Hertog P. Knowledge - intensive business services as co - producers of innovation [J]. International Journal of Innovation Management, 2000 (4): 491-528.

[125] Dorothea K, Georgios T, Vassilis A, et al. Retaining talent in knowledge - intensive services: enhancing employee engagement through human resource, knowledge and change management [J]. Journal of Knowledge Management, 2024, 28 (2).

[126] Duan Y, Yang M, Liu H, et al. How does digital transformation affect innovation in knowledge - intensive business services firms? The moderating effect of R& D collaboration portfolio [J]. Journal of Knowledge Management, 2024, 28 (4).

[127] Ewa C. A New Chapter in Value Chain Connections between China and Europe: Are Advanced Services a New Area of Chinese Influence in European Manufacturing? [J]. Journal of Economic Integration, 2023, 38 (4).

[128] Fan, G., the Dual - Transformation of China: Past 20 Years and 50 Years Ahead [A]. In Kolodko, G. (Eds.), Emerging Market Economies [C]. Ashgate Publishing Limited, 2003: 169-185.

[129] Feng C, Ma R. Identification of the factors that influence service innovation in manufacturing enterprises by using the fuzzy DEMATEL method [J]. Journal of Cleaner Production, 2020, 253: 120002.

[130] Fiss P C. A set - theoretic approach to organizational configurations [J]. Academy of Management Review, 2007, 32 (4): 1180-1198.

[131] Foss N J, Saebi T. Business models and business model innovation:

Between wicked and paradigmatic problems [J]. Long Range Planning, 2017, 51 (1): 9 - 21.

[132] Franke R., Kalmbach P. Structural Change in the Manufacturing Sector and Its Impact on Business - related Services: An Input - Output Study for Germany [J]. Structural Change and Economic Dynamics, 2005 (16): 467 - 488.

[133] Freeman R. Labor Regulations, Unions, and Social Protection in Developing Countries: Market Distortions or Efficient Institutions? [A]. Cambridge, MA: NBER Working Paper Series [C]. National Bureau of Economic Research, 2009: 347 - 379.

[134] Freenstra R. C., Hanson. The Impact of Outsourcingand High - Technology Capital on Wages: Estimates for the United States, 1979 - 1990 [J]. Quarterly Journal of Economics, Vol. 114: 907 - 941.

[135] George G, Prabhu G N. Developmental financial institutions as technology policy instruments: implications for innovation and entrepreneurship in emerging economies [J]. Research Policy, 2003, 32 (1): 89 - 108.

[136] Guariglia A, Liu P. To what To what extent do financing constraints affect Chinese firms' innovation activities? [J]. International Review of Financial Analysis, 2014 (36): 223 - 240.

[137] Han T, Mallari G D A M, Han Y, et al. Local Path Selection for Promoting the Integration and Development of Advanced Manufacturing and Modern Service industries—Taking Taiyuan City as an Example [J]. International Journal of Social Science and Education Research, 2024, 7 (2).

[138] Harris R, Moffat J, Evenhuis E, et al. Does spatial proximity raise firm productivity? Evidence from British manufacturing [J]. Cambridge Journal of Regions, Economy and Society, 2019, 12 (3): 467 - 487.

[139] Herrendozf, B., & Valentinyi, A., Which Sectors Mare the Poor Countzies so Unproductive? [J]. Journal of the European Economic Association, 2012, Vol. 10, No. 2: 323 - 341.

[140] Hongda L, Haifeng Z, Shiyuan L. Future social change of manufacturing and service industries: Service-oriented manufacturing under the integration of innovation-flows drive [J]. Technological Forecasting & amp; Social Change, 2023, 196.

[141] Horn, Zoe. No Cushion to Fall Back On: Global Recession and Informally Employed Women in the Global South [J]. Women's Policy Journal of Harvard, 2010, Vol.7: 23-38.

[142] Hsu P H, Tian X, Xu Y. Financial Development and Innovation: Cross-Country Evidence [J]. Social Science Electronic Publishing, 2014, (112): 116-135.

[143] James R. Markusen. Foreign Direct Investment in Services and the Domestic Market Expertise [A]. The Second Annual Conference on Global Economic Analysis [C]. 1999: 159-173.

[144] Jeffrey Wurgler. Financial Market and the Allocation of Capital [J]. Journal of Financial Economics, 2000, Vol.57, No.1: 104-125.

[145] Jens J. Kruger. The Global Trends of Total Factor Productivity: Evidence from the Nonparametric Malmqaist Index Approach [A]. Oxford Economic Papers [C]. 2003, S5: 265-286.

[146] Jonasson E. Government Effectiveness and Regional Variation in Informal Employment [J]. Journal of Development Studies, 2012, Vol.48, No.4: 481-497.

[147] Kafuku JM, Factors for effective implementation of lean manufacturing practice in selected industries in Tanzania [J]. Procedia Manufacturing, 2019, 33 (6): 351-358.

[148] Karaomerlioglu, Carlsson. Manufacturing in Decline? A Matter of Definition [J]. Economy, Innovation, New Techndogy, 1999, No.8: 175-196.

[149] Keeble D., Nacham L. Why do Business Serviee Firms Cluster? Small Consultancies, Clustering and Decentralization in London and Southern England [J]. Transactions of the Institute of British Geographers, 2002, Vol.27, No.1:

67 – 90.

[150] KIM YS, LEE H. Process characteristics of product – service systems development: comparison of sevgcompany cases [J]. Journal of manufacturing Cleaner Production, 2021, 286: 124971.

[151] La Porta R., Lopez – de – Silanes F., Shleifer, A., et al. Legal Determinants of External Finance [J]. Journal of Finance, 1997, Vol. 46: 293 – 314.

[152] Lambooy J., Smith – Doerr K. Do External Knowledge Sourcing Modes Matter for Service Innovation? Empirical Evidence from South American [J]. Journal of Product Innovation Management, 2010, Vol. 31, No. 3: 176 – 191.

[153] Lerner K J. Assessing the Contribution of Venture Capital to Innovation [J]. The RAND Journal of Economics, 2000, 31 (4): 674 – 692.

[154] Levine R. Financial Development and Economic Growth [J]. Journal of Economic Literature, 2002, Vol. 9, No. 9: 14 – 35.

[155] Loayza N., Rigolini J. Informal Employment: Safety Net or Growth Engine? [J]. World Development, 2011, Vol. 39, No. 9: 1503 – 1515.

[156] Muller E, Zenker A. Business services as actors of knowledge transformation: The role of KIBS in regional and national innovation systems [J]. Research Policy, 2001, 30 (9): 1501 – 1516.

[157] Muller E., Zenker A. Business services as actors of knowledge transformation: The role of KIBS in regional and national innovation systems. Research Policy, 2001, 30 (9): 1501 – 1516.

[158] Ngai R., Pissarides C. Structural Change in a Mulltisector Model of Growth [J]. American Economic Review, 2007, Vol. 97, No. 1: 429 – 443.

[159] Paschou T, Rapaccini M, Adrodegari F, et al, Digital servitization in manufacturing: a systematic literature review and research agenda [J]. Industrial Marketing Management, 2020, 89: 278 – 292.

[160] Portes, Alejandro, Hoffman, et al. Latin American Class Structures: Their Composition and Change during the Neoliberal Era [J]. Latin American

Research Review, 2003, Vol. 38, No. 1: 41 -82.

[161] Richard C M Yam, William Lo, Esther P Y Tang, Antonio K W Lau. Analysis of sources of innovation, technological innovation capabilities, and performance: An empirical study of Hong Kong manufacturing industries [J]. Research Policy, 2010, 40 (3): 133 -142.

[162] Robert Inklaar, Marcel P. International Comparisons of Productivity in Services and Goods Production [J]. German Economic Review, 2007, Vol. 8, No. 2: 281 -307.

[163] Rogerson R. Structural Transfesmation and the Deterioration of European Labor Market Outcomes [J]. Journal of Political Economy, 2008, Vol. 116, No. 2: 235 -259.

[164] Teirlinck, Spithoven. Producer Services, Scale, and the Division of Labor [J]. International Journal of Innovation Management, 2003, Vol. 14, No. 2: 1 -26.

[165] Temkin, Benjamin. Informal Self - Employment in Developing Countries: Entrepreneurship or Survivalist Strategy? Some Implications for Public Policy [J]. Analyses of Social Issues & Public Policy, 2009, Vol. 9, No. 1: 135 -156.

[166] Theyel, Brian B. Enterprise zones and zones franches urbaines: a critique of area - based fiscal incentives and regeneration in England and France [J]. Urban Research & Practice, 2013, Vol. 6, No. 2: 123 -139.

[167] Tourk K, Marsh P. The New Industrial Revolution and Industrial Upgrading in China: Achievements and Challenges [J]. Economic and Political Studies, 2016, 4 (2): 187 -209.

[168] Vasilis K, Latoufis K, Liarokapis M, et al. The convergence of digital commons with locamanufacturing from a degrowth perspective: two illustrative cases [J]. Journal of Cleaner Production, 2018, 197: 1684 -1693.

[169] Windrum P. Tomlinson M, Knowledge - intensive services and international competitiveness: afour country comparison [J]. Technology Analysis & Stra-

tegic Management, 1999, 11: 391 –408.

[170] Wolfe RA. Organizational Innovation: Review, Critique and Suggested Research Directions [J]. Journal of Management Studies, 1994, 31 (3): 405 –431.

[171] Yang Z, Shao S, Li C, et al. Alleviating the misallocation of R&D inputs in China's manufacturing sector: From the perspectives of factor – biased technological innovation and substitution elasticity [J]. Technological Forecasting and Social Change, 2020, 151: 119878.

[172] Yixin L, Chunyao O, Guangyu Z, et al. Research on the Effect Evaluation of Protected Space Driving New Technologies Industrialization from the Perspective of ST [J]. Journal of Systems Science & Complexity, 2020, 33 (2): 475 –509.

[173] Young Alwyn. Productivity Growth within the People's Republic of China during the Reform Period [J]. Journal of Political Economy, 2003, Vol. 111 (b): 1220 –1242.

后　　记

　　本书是教育部人文社会科学研究规划基金项目"知识密集型服务业的嵌入整合对我国制造业转型升级的影响研究"的最终研究成果。

　　2018年以前我虽然主持完成过几个项目，但仅限于省厅级，加之身处地方地质类院校这样一个平台，对教育部、国家社科这类高级别的人文社科项目，我从来都是仰视的。所以当2018年得知自己申报的教育部项目获准立项时，我真的是非常激动。激动之余，也对自己这一路走来的艰辛感慨万千。

　　大约在2002年底，我当时在宁波大学攻读经济学硕士，应一位老师的邀请参与了宁波市发改委的一个研究项目，主要研究宁波市服务业在中国入世后如何开放引资的问题。尽管研究的初衷是针对宁波服务业，但随着研究的深入，我发现宁波服务业存在的很多问题在国内具有相当的普遍性。比如制造业比重过高，经济增长过分依赖制造业；服务业当中传统服务业比重过高，生产性服务业和现代服务业欠缺，等等。考虑到随着中国工业化程度的不断加深，服务业在三次产业中的比重将不断增加，有关服务业的问题也会变得越来越重要，由此激发了我对服务业经济的浓厚研究兴趣，并最终将硕士论文的题目确定为《中国服务业的结构特征与引资环境评价》，从此开始了我对中国服务业较为系统的研究。

　　自那以后，转眼已经过去了20多年，这期间我先后发表了30多篇学术论文，其中多数都和服务业经济相关，我还承担主持了3项省级项目，2项厅级项目，作为主研人员参与完成了2项省级项目，这些项目也全部和服务业经济相关。2016年在河北省社科联与河北省企业管理重点学科的共同资助下，我还完成了专著《河北省服务业的结构特征、竞争效率与产业政策研究》。所有这些工作，无疑为我最终能够获得教育部人文社会科学研究项目立项打下了良好的基础。

然而，天有不测风云，人有旦夕祸福，本课题的研究工作刚刚开始不久，我的身体就出现了问题。我因为多囊肾而出现了肾衰竭，肾功能急剧恶化，同时还查出多囊肝，最大囊肿直径达到 13cm。肾衰竭导致的直接问题是我吃饭没有胃口，做事没有力气，最难过的时候走两百米对我都是问题，三层楼都爬不动。在这种情况下，我不得不放下手头的工作，转而四处求医，辗转奔波于北京、天津、郑州等地的多家医院，但都没有有效的治疗办法。随着病情的不断发展，最终还是进展到了尿毒症阶段，我只能无奈地接受了血液透析，人也变得非常消沉。与此同时，研究团队的一些成员也因为各种各样的原因不再参与本课题的研究。这些意想不到的困难和问题导致了本项目无法如期开展研究工作，被迫进行了两次延期，对此我深感愧疚。

2023 年，在学校和学院领导的关心过问下，本课题又重新组建了新的研究团队，我的身体和情绪这时也已渐趋平稳，研究工作又得以继续开展。经过研究团队的共同努力，本课题的研究成果最终得以完成，并付梓出版。

值得一提的是，在本书成稿过程中，适逢"新质生产力"一词被首次提出，并被写入了今年的政府工作报告，成为今年政府工作十大任务之首。新质生产力即是创新起主导作用，摆脱传统经济增长方式、生产力发展路径，具有高科技、高效能、高质量特征，符合新发展理念的先进生产力质态，这与本课题的研究目的不谋而合，对研究团队是极大鼓舞。

回顾这段研究历程，首先我要感谢教育部人文社会科学研究规划基金，感谢河北地质大学学术著作出版基金，正是在两者的共同资助下，本书才得以完成和出版。

其次，我要特别感谢河北地质大学管理学院的冯丽丽副院长，正是在她的积极协调下，本课题才能重新组建起新的研究团队。

再次，我要感谢李晗、赵彩云两位年轻的博士，得益于她们认真踏实的工作，使本书能够顺利完成，当然参与本课题的其他研究人员也为本课题的最终完成作出了贡献。

此外，我还要感谢中国财政经济出版社的段钢主任，本书的顺利出版发行离不开他的支持和帮助。

最后，本书引用和参考了很多国内外专家学者的研究成果，在此也一并表示感谢！

孙文博

2024 年 7 月